Thomsen

Über den Umgang mit Investmentfonds

Stefan Thomsen

Über den Umgang mit Investmentfonds

Kapital ohne kapitale Fehler –
Wissenswertes über intelligentes
Anlegerverhalten

Die Deutsche Bibliothek - CIP-Einheitsaufnahme
Ein Titeldatensatz für diese Publikation ist bei
Der Deutschen Bibliothek erhältlich.

1. Auflage Juli 2002

Alle Rechte vorbehalten
© Betriebswirtschaftlicher Verlag Dr. Th. Gabler GmbH, Wiesbaden 2002
Softcover reprint of the hardcover 1st edition 2002
Lektorat: Guido Notthoff

Der Gabler Verlag ist ein Unternehmen der Fachverlagsgruppe BertelsmannSpringer.
www.gabler.de

Das Werk einschließlich aller seiner Teile ist urheberrechtlich geschützt. Jede Verwertung außerhalb der engen Grenzen des Urheberrechtsgesetzes ist ohne Zustimmung des Verlags unzulässig und strafbar. Das gilt insbesondere für Vervielfältigungen, Übersetzungen, Mikroverfilmungen und die Einspeicherung und Verarbeitung in elektronischen Systemen.

Höchste inhaltliche und technische Qualität ist unser Ziel. Bei der Produktion und Verbreitung unserer Bücher wollen wir die Umwelt schonen: Dieses Buch ist auf säurefreiem und chlorfrei gebleichtem Papier gedruckt. Die Einschweißfolie besteht aus Polyäthylen und damit aus organischen Grundstoffen, die weder bei der Herstellung noch bei der Verbrennung Schadstoffe freisetzen.

Die Wiedergabe von Gebrauchsnamen, Handelsnamen, Warenbezeichnungen usw. in diesem Werk berechtigt auch ohne besondere Kennzeichnung nicht zu der Annahme, dass solche Namen im Sinne der Warenzeichen- und Markenschutz-Gesetzgebung als frei zu betrachten wären und daher von jedermann benutzt werden dürften.

Umschlaggestaltung: Nina Faber de.sign, Wiesbaden
Satz: DTP-Service Lars Decker, Vechelde

ISBN-13: 978-3-322-86946-3   e-ISBN-13: 978-3-322-86945-6
DOI: 10.1007/978-3-322-86945-6

Vorwort

Nichts ist ärgerlicher und richtet sich mehr gegen den Fluss des Lebens als alte Standpunkte und Überzeugungen, von denen wir heute feststellen, dass sie uns in unserer Weiterentwicklung blockiert und behindert haben.

In den vergangenen zehn Jahren hat sich gezeigt, dass wir in einem Zeitalter der rasanten Umbrüche leben, dass Veränderungen unser tägliches Leben begleiten – Veränderungen, nicht nur allein auf dem Gebiet der Geisteswissenschaften, sondern ebenso in der Technik, der Medizin und auch in der Wirtschaft, im Handel mit unseren Nachbarländern.

Vor zehn Jahren war das neue Bewusstsein der Eigenverantwortung noch wenig ausgeprägt. Nicht zuletzt die in Europa eingeleitete Veränderung, die Öffnung der Grenzen zur ehemaligen DDR und die Zusammenlegung der europäischen Mitgliedstaaten in die Vereinigten Staaten von Europa, wäre noch wenige Jahre früher undenkbar gewesen. Und dennoch schreiten diese von uns Menschen selbst kreierten Prozesse voran – gerade der Bereich Technik legt dabei ein atemberaubendes Tempo vor. Von der Schallplatte als Tonträger sind wir heute zur Mini Disc oder CD gelangt. Vom Supermarkt zum Internet und vom Telefon zum Anrufbeantworter und weiter zu den Mobiltelefonen. Die Versteigerungen der UMTS-Lizenzen sind abgeschlossen und die Anbieter haben ihre Hausaufgaben zu machen.

Schon in den nächsten zehn vor uns liegenden Jahren werden alle Haushalte über mobile Kommunikationsmöglichkeiten verfügen, keine Schallplatten mehr hören, sondern sich der digitalen Tonträger bedienen, den täglichen Einkauf im Internet und die Geschäfte mit der Hausbank online abwickeln. Die Europäische Union wird eine Selbstverständlichkeit sein – mit einer einheitlichen Währung, die vieles erleichtert. Die heutigen Veränderungen, die uns so oft schwierig erscheinen, werden schon bald unser Leben bestimmen. Der Weg dorthin heißt loslassen von den althergebrachten Standards, die wir als Deutsche letztendlich aus den vergangenen drei Kriegen mit in uns aufgenommen haben. Lebensformen, die heute noch unser oft sehr ängstliches Leben bestimmen. Hervorgegangen aus der Produktionsgesellschaft wird und muss sich sowohl Deutschland als auch Europa mit der Dienstleistung auseinander setzen – ein Prozess angestoßen von kreativen Menschen, der nicht aufzuhalten ist. Zukunft kommt nicht von allein, sie wird kreiert und gestaltet.

Und das fällt den Systemen sichtbar schwer, wie wir in vielen Bereichen erkennen können. Auch wenn wir dem Vergangenen noch so verhaftet sind, es schieben sich dennoch die Jahre und die Generationen weiter. Nur weil die Veränderung kein fixiertes Bild, sondern ein laufender Prozess ist, hat man seine Mühe, dies zu erkennen und festzuhalten. Es ist schwer, sich auf die Zukunft so einzustellen, dass man an ihr verdient, das zeigen die Schwierigkeiten so vieler Unternehmen wie auch so vieler einzelner Menschen. Unsere Sicherheit, unserer Versorgung, unser Einkommen, alles ist noch in den in der zurückliegenden Zeit festgelegten Ansprüchen und Rechten begründet. Einigen von uns genügt dies, und sie kümmert das vor uns liegende nicht, weil sie Versorgungssicherheit haben, und von einer noch so guten Zukunft nicht mehr hätten. Alle Menschen, die Einkommen aus der Zukunft beziehen müssen, sei es als Unternehmer, der für seine Angestellten zu sorgen hat, oder als Kapitalanleger, der von den Wertzuwächsen und Erträgen seiner Ersparnisse in der Zukunft leben möchte, müssen sich auch um diese Zukunft mit all ihren Facetten auseinander setzen.

Deutschland, Europa, ja die Welt erlebt einen Wandel in allen Bereichen, der sich nicht aufhalten lässt. Die Welt und deren Wirtschaft im Wandel des 21. Jahrhunderts könnte der Titel einer Studie lauten.

Das nun vorliegende Buch hatte, wie in vielen Fällen des Wandels, Entwicklungen und Fragen zur Grundlage. Eine der wirklich essenziellen Entwicklungen ist sicherlich die Tatsache, dass die deutschen Bürger von der Fremdbestimmung durch den Staat und dessen sozialer Verantwortung zunehmend in die Eigenverantwortung drängen und gedrängt werden. Da dieses Buch sich mit der grundsätzlichen Haltung und der Notwendigkeit zur Veränderung um das Thema Geld, insbesondere der Investmentfonds, beschäftigt, können Bereiche, die sicherlich darüber hinaus auch interessant sind, nur am Rande behandelt werden.

Während die Geschichte der Wertpapierbörse bis in das frühe 17. Jahrhundert zurückgeht und mit der Gründung der ersten Aktiengesellschaft, der Vereinigten Ostindischen Compagnie, 1602 in den Niederlanden beginnt, tauchen die ersten Investmentfonds erst in der zweiten

Hälfte des 19. Jahrhunderts in Großbritannien auf. Die Grundidee war hier, den „kleinen Sparern" dieselben Vorteile zu verschaffen wie den Reichen, indem das Risiko durch Streuung der Kapitalanlage auf eine Vielzahl verschiedener Wertpapiere vermindert wird.

In den Vereinigten Staaten von Amerika wurde der erste Aktienfonds 1924 aufgelegt. Die heute sehr beliebten Renten- und Geldmarktfonds wurden dagegen erst in den siebziger Jahren populär. Die rasanteste Entwicklung von Investmentfonds hat sich zweifelsfrei in Amerika in den vergangenen 25 Jahren abgespielt. Betrug das Fondsvermögen 1940 noch etwa 500 Millionen US-Dollar, so erreichte es 1985 mit 500 Milliarden US-Dollar den 100fachen Wert. Seit dieser Zeit hat sich der Gesamtwert aller Fonds nochmals um das Achtfache auf etwa 4.000 Milliarden US-Dollar erhöht.

Aktienfonds stellen dabei mit 2.000 Milliarden US-Dollar die größte Gruppe, während Rentenfonds und Geldmarktfonds gleich groß sind mit jeweils circa 1.000 Milliarden US-Dollar.

Die Anzahl der Investmentfonds liegt heute in Amerika bei über 8.000. Dabei sehen wir mehr Aktienfonds, als an der New Yorker Börse notierte Aktien gehandelt werden. Der amerikanische Bürger hat heute durchschnittlich etwa 7.700 US-Dollar in Aktienfonds investiert.

In Deutschland hingegen sind Anlagen in Aktien und Aktienfonds noch unterentwickelt, auch wenn das Interesse seit 1990 spürbar zugenommen hat. Während der Aktienhandel bereits am Ende des 18. Jahrhunderts in Preußen begann, wurden Investmentfonds erst nach dem Zweiten Weltkrieg in Deutschland aufgelegt. Mittlerweile macht der Wert aller Aktienfonds in Deutschland über 50 Milliarden Euro aus, was pro Kopf etwa 600 Euro entspricht. Dieses ist nicht einmal ein Zehntel dessen, was Amerikaner pro Kopf in Aktienfonds investiert haben. Der Nachholbedarf und das Erkennen der Eigenverantwortung für die Zukunft ist hier von deutscher Seite her offensichtlich, zumal auf den deutschen Sparkonten etwa 600 Milliarden Euro liegen. Dieser Betrag ist annähernd so groß wie die Marktkapitalisierung aller in Deutschland notierten Börsentitel.

Die bestehende Altersversorgungslücke könnte durch die Zunahme der Bereitschaft, in Aktienfonds zu investieren, entscheidend geschlossen werden. Gleichzeitig würde damit der deutschen Industrie das notwenige Kapital zufließen, um im Zuge der Europäischen Harmonisierung weiter wettbewerbsfähig zu sein.

Blicken wir doch auf eine rasante Veränderung der deutschen Finanzlandschaft seit 1990 zurück. Nachdem die Banken versuchen ihre Produkte zu verkaufen, drängten ausländische Anbieter wie PIONEER oder Fidelity Investments schon in den späten achtziger Jahren auf den deutschen und europäischen Markt. Der Wettbewerb wurde angestoßen. Allein im Jahr 2001 waren bereits 1,2 Billionen Euro in 6.623 Investmentfonds investiert. Hiervon liegt der Löwenanteil in so genannten Spezial- oder auch geschlossenen Fonds mit 5.015 und einem Investitionsvolumen von mehr als 494 Milliarden Euro.

Der Bereich Publikumsfonds, um den es für den Privatanleger in erster Linie geht, umfasst zur Zeit 1.624 Sondervermögen, in denen im Jahr 2001 allein 432,6 Milliarden Euro investiert waren. Die Anzahl und das Gesamtvolumen der Fonds ändern sich von Jahr zu Jahr. Zusammenlegungen von Fonds, Auflegung neuer Branchen- oder Spezialfonds sowie die Abnahme von Mittelzuflüssen, erhebliche Kursrückgänge oder andere Gründe führen zur Veränderung der Landschaft. Allein zum Ende des Jahres 2001 haben Fondsgesellschaften 69 Fonds beim Bundesaufsichtsamt wegen geringen Volumens, was unter anderem durch die Kursrückgänge verursacht wurde, abgemeldet. Heute, im Jahr 2002, stehen etwa 250 Publikumfonds vor dem Aus, da das Volumen je Fonds unter die kritische Marke von 10 Mio. Euro gesunken ist.

Sind wir deutschen Sparer oder Anleger? Sind wir Gläubiger oder Eigentümer und was bestimmt das Bild der vor uns liegenden Jahre? Welche Instrumente stehen zur Verfügung? Woran können wir uns orientieren? Welche Informationen sind wirklich geeignet?

Ein detaillierter Quellennachweis für die in diesem Buch beschriebenen Randbereiche ist im Anhang aufgeführt. Es steht Ihnen als Leser frei, sich dieser zusätzlichen ausgewiesenen Lektüren zu bedienen, wozu ich Sie an dieser Stelle herzlichst einladen möchte. Doch zunächst zu dem eigentlichen Thema. **Die Gestaltung unserer Zukunft mit geeigneten Investmentfonds.**

Steigen Sie ein in die Welt der Investmentfonds. Sie sind eingeladen, an meinen Erfahrungen und Erlebnissen Teil zu haben. Übernehmen Sie das Ruder Ihres Lebens auch beim Thema Finanzen und Versorgung für später. Sie werden schon bald sehen: Mit dem richtigen Verständnis und **dem intelligenten Umgang mit Investmentfonds** macht Geld anlegen richtig Spaß!

München, im Juni 2002　　　　　　　　　　　　　　Stefan Thomsen

Inhaltsverzeichnis

Vorwort — 5

1. Einführung — 11

2. Für den Anleger — 36
   2.1 Geld für später anlegen! Aber wo? — 36
   2.2 Kleine Fondspsychologie — 38
   2.3 Geldtypen — 42
   2.4 Vermögensbildung mit Fonds — 45
   2.5 Ihr Weg zur finanziellen Freiheit — 48
   2.6 Ein Streifzug durch die Fondslandschaft — 51
   2.7 Fonds und ihre Preise — 58
   2.8 Geld und Wirtschaftspresse — 73

3. Für den Berater — 78
   3.1 Vom Finanzberater zum Financial Consultant — 78
   3.2 Kennzeichen Kompetenz — 82
   3.3 Zukunftsrisiken – Herausforderungen für Financial Consultants — 82
   3.4 Lösungen des Financial Consulting — 84
   3.5 Financial Consultants und ihre Einnahmen — 88
   3.6 Diese Beratungsfehler sollten Sie vermeiden — 91
   3.7 Erfolg – Was ist notwendig und wie erreicht man ihn? — 92
   3.8 Überzeugung und Indoktrination — 101
   3.9 Die Finanzlandschaft wird sich verändern — 101

4. Steuerliches und Rechtliches _____ 106

5. IT und E-Commerce _____ 115

Web-Adressen _____ 118

Internetadressen von Fondsgesellschaften _____ 119

Literaturhinweise _____ 121

Glossar _____ 125

1. Einführung

Wer mit den meisten Spielzeugen stirbt, hat gewonnen!

Nachdem heute die Tabus, die Denk- und Sprechverbote in Bezug auf die Sexualität weitgehend abgebaut sind, finden wir noch immer eine ähnliche Prüderie in Bezug auf Geld und Besitz. Wenn es um Geld geht, wird besonders häufig gelogen und geleugnet. Diese Geldprüderie ist anders motiviert als die Zurückhaltung und Bescheidenheit des erfolgreichen Kaufmanns in den Jahren zwischen 1870 und 1910. Sie erwächst aus dunklen Schuldgefühlen und keineswegs nur aus der Angst vor Denunziation und Steuerfahndern. Geld bietet sich für irrationales Verhalten geradezu an.

Junge Leute, die von mehr oder weniger schwer arbeitenden Eltern oder gebefreudigen Großeltern leben, fühlen sich vielfach jenen postindustriellen Werten verbunden, nach denen es nicht auf das „Haben" (und auf das Erwerben), sondern auf das „Sein" ankommt, wie dies der moralisch engagierte Psychologe Erich Fromm postuliert hat. In dieser Auffassung sind Besitz und Wohlstand moralisch zweifelhaft, während ideelle Besitztümer und ihre Realisierung im Wege der „Selbstverwirklichung" ethisch überlegen seien.

Wir wollen hier nicht untersuchen, wer sich tatsächlich selbst zu verwirklichen vermag. Sicher ist jedenfalls, dass auch zur Selbstverwirklichung ebenso wie zur Herbeiführung nahezu aller anderen hochgeschätzten Zustände Geld gehört. Dieses wird dann allerdings entweder selbst oder aber von anderen verdient.

Ausflug zur Erde

Täglich erreichen uns Meldungen von Erdbeben rund um den Planeten. Flutkatastrophen, Überschwemmungen, Vulkanausbrüche, über hundert Kriegsherde und Massaker lösen Hunger, Elend und Völkerwanderungen aus. Täglich erreichen uns Nachrichten neuer Umweltkatastrophen. Das Ozonloch wächst mit hoher Geschwindigkeit. Der Urwald, die Lunge der Erde, wird global abgeholzt. Das Waldsterben entwickelt sich ebenfalls mit einem unfassbaren Tempo. Der Treibhauseffekt breitet sich aus und die Erdtemperatur steigt, dadurch verschieben sich die Klimazonen so schnell, dass wir es schon beobachten können. Es schneit in Gebieten, in denen es bisher keinen Schnee gab, und es wird in kalten Gebieten warm. Das ökologische Gleichgewicht ist bereits so gestört, dass Tausende Arten von Pflanzen und Tieren nicht mehr lebensfähig auf unserer Erde sind. Andere Arten dagegen werden zur Plage, wie seinerzeit im alten Ägypten.

Wir scheinen in unseren Müll- und Gifthalden zu ersticken. Neue, teilweise unheilbare Krankheiten infizieren Millionen Menschen. Rohstoffe gehen zu Ende und gleichzeitig schnellen die Bevölkerungszahlen in die Höhe. Die Welt wird immer hektischer – es geht ums Überleben. Geld, Macht, Genusssucht, Ablenkung sind des Menschen Begleiter. Einige geheime Organisationen streben nach der absoluten Kontrolle über die Menschheit.

Unser Geist ist materiell gepolt. Seine negativen Eigenschaften von Kontrolle, Dominanz, Manipulation, Berechnung, Misstrauen, Schuldprogrammierung und Machtstreben entstehen. Wie könnte da das Verhältnis zwischen Bürger und Staat anders sein? Das hierarchische Denken wird unseren Kindern schon von klein auf vorgelebt. Das Konkurrenzdenken der Ego-Gesellschaft sorgt für endlose Konflikte einer auf Mangel orientierten Überlebensgesellschaft. Der Mensch ist so in seinen auf Mangel orientierten Überlebenskampf verwickelt, dass er gar nicht bemerkt, Sklave seines eigenen Systems geworden zu sein. Seine Gehilfen sind die derzeitigen, nur materiell ausgerichteten Gesellschaftssysteme. Unreflektiertes Wachstum ohne Grenzen ist wie das Wuchern eines Krebsgeschwürs im planetarischen Organismus Erde. Es wird eine natürliche Reaktion auf die von uns konsumierten und verschwendeten Bereiche des Lebens geben. Das System Universum ist in diesem Kontext sehr einfach:

Es wird das liefern, was wir selbst gegeben haben. Und wenn wir zu sehr konsumieren anstatt zu geben, werden wir die Quittung präsentiert bekommen.

Die aktuellen Geschehnisse in den USA, in Afghanistan und in anderen Teilen der Welt sind – so grausam wir sie empfinden – ein Teil dieses Prozesses, ein Teil der Quittung für uns Menschen.

Geld gaukelt Illusionen vor

Die persönliche Wichtigkeit des Geldes erwächst aus der Tatsache, dass es einen Maßstab für die Wünschbarkeit und den subjektiven Wert alles dessen bietet, worauf sich Bedürfnisse und menschliches Streben richten.

Psychologen haben Menschen nach ihrer Einstellung zum Leben eingeteilt in „Bemächtiger" und in „Vermeider". Dem einen geht es um Befriedigung und um Wertaneignung, dem anderen um Sicherheit und um Bewahrung dessen, was er hat. Wohl am wichtigsten ist Geld für denjenigen, der sich mit seiner Hilfe vor den Wagnissen und Gefahren des Lebens zu schützen sucht. Wir brauchen nur an die Wirtschaftsmacht der Versicherungen zu denken, um zu erkennen, wie häufig und wie stark dieses Bedürfnis ist.

Mit Geld verbinden sich immer wieder auch Illusionen. Dies wird deutlich, wenn wir uns vergegenwärtigen, dass keine Versicherung die Gefahren des Lebens selbst aus der Welt zu schaffen vermag, dass sie vielmehr nur versprechen kann, einen geldlichen Ersatz für das Leben, die Gesundheit oder den misslungenen Urlaub zu liefern.

Stets aber ist es die Einstellung zum Leben selbst, die die psychologische Bedeutung des Geldes für jeden Einzelnen festlegt und gestaltet. Und hier gilt es, sich immer wieder daran zu erinnern, dass weder Gold- und Silbermünzen noch Banknoten oder Wechsel oder die täglich wechselnden Zahlen auf Kontoauszügen konsumiert werden können.

Gerade aufgrund dieses Symbol- und Zeichencharakters des Geldes können sich menschliche Antriebe von ihrer natürlichen Bindung an Besitzgegenstände oder Menschen ablösen. Dies bedeutet dann eine Versachlichung der Einstellung. Diese relevante Zurücknahme des Ego-Involvements kann in manchen Fällen auch eine Vergleichgültigung gegenüber der emotionalen Bedeutsamkeit der Dinge und Menschen auslösen.

Geld erfüllt Wünsche

Mindestens ebenso wichtig wie die Möglichkeit, Geldzeichen in Befriedigungen aller Art oder in mehr oder weniger fragwürdige Sicherheiten umzuwechseln, ist die Faszination durch die Tatsache, dass Geldbesitz auch Freiheit und Unabhängigkeit gewährt. Dabei nimmt Geld den Charakter einer sozial ungebundenen, jederzeit einsetzbaren und aktivierbaren Verfügungsmacht an.

Bei einer realistischen Weltbetrachtung eröffnen Macht einerseits und Geld andererseits den Zugang zu vielen Glücks- und Gestaltungschancen dieses Lebens. Beide lassen sich lustvoll anwenden, und beide begründen dabei außerdem noch Beachtung und Geltung. Goethe hat dies sehr klar ausgedrückt: „Geld und Gewalt. Gewalt und Geld – daran kann man sich freuen; Gerechtigkeit und Ungerechtigkeit, das sind nur Lumpereien."

Psychologisch von großer Bedeutung ist die Tatsache, dass Geld für den sozial nicht eingebundenen Menschen umso wichtiger wird, je weniger er mit dem Vertrauen und der Hilfsbereitschaft ihm nahe stehender Menschen zu rechnen vermag. So wird der Fremde Geld stets wichtiger nehmen müssen als derjenige, der von einem Netz traditioneller Bindungen und wechselseitiger Hilfe- und Unterstützungsleistungen getragen ist. Insbesondere wird Geld für denjenigen Fremden wichtig, der sich gewollt oder ungewollt in Konflikte verwickelt. In Krisen, Konflikten und Katastrophen erweist sich Geld immer wieder als eine unentbehrliche Überlebenshilfe.

Die großen Themen eines Lebens und die Rolle, die Geld dabei spielt, alles dies ergibt sich aus Erfahrungen, die sich stets bis in die Kindheit und die Jugend des Betreffenden zurückverfolgen lassen.

Geld und Macht haben eine eigene Dynamik

Wer erfolgreich sein will, dessen Aufmerksamkeit wendet sich stattdessen der Herstellung derjenigen Bedingungen und der Bereitstellung der Mittel zu, die eine Zielerreichung wahrscheinlich machen. Und wem es um den Aufbau eines Vermögens geht, der wird Mittel für Bedingungen und für Ziele beschaffen, die erst in der Zukunft aktuell werden. Gerade hierbei kann es leicht dazu kommen, dass Geld und Macht immer wichtiger werden, während die „eigentlichen" Ziele unter dem Druck harter Realitäten allmählich aus unserem Bewusstsein entschwinden. Geld wird also (ebenso wie Macht) in dem Maße eigenwertig oder gar übergewichtig, in dem unsere persönlichen Ziele undefiniert, unklar oder utopisch bleiben.

Zeitkritiker erklären wohl mit Recht, dass das Interesse an Geld bei den Menschen der modernen Gesellschaft, trotz ihrer scheinbaren Abwendung vom „Haben" und einer ebenso scheinbaren Hinwendung zum „Sein" immer wichtiger wird. Hierfür dürfte verantwortlich sein, dass der Kreis der „käuflichen" Güter größer und die Anzahl der „Tauschobjekte" immer vielfältiger und attraktiver wird.

Es ist gut und richtig, sparsam zu sein und nicht alles auszugeben, was man einnimmt. Ein solches „gesundes" Sparen ist ein Zeichen der Bejahung der eigenen Zukunft und des Vertrauens in die Planbarkeit des eigenen Lebens. Der Geizige aber glaubt, dass bares Geld in dieser Welt, in der man weder sich selbst und seinem Können noch der Anständigkeit und Zuverlässigkeit anderer trauen kann, das einzig Vertrauenswürdige sei.

Der „bürgerliche" Weg zum Vermögen durch Arbeit, Sparsamkeit und kluge Anlage steht jedem offen. Eine andere Psychologie aber zeigen diejenigen, die großen Erfolg und größere Vermögen planmäßig aufbauen. Für diese Menschen geht es wenig oder gar nicht um die Glückschancen, die man durch die Hergabe von Geld eintauschen kann. Konsum ist hier ebenso wie Sicherheit verhältnismäßig unwichtig.

Umgang mit Geld bringt Menschenkenntnis

Demjenigen, dem Geld scheinbar „zufließt", geht es bei seinen Aktivitäten im Grunde um die lustvolle Erfahrung der Erweiterung persönlicher Spielräume und Optionen des Eingreifens und Gestaltens. Jede Handlung, die mit Geld zusammenhängt, wird für Menschen dieser Art zum Test ihrer Menschenkenntnis, ihrer Welterfahrung und ihrer Rationalität. Geld interessiert hier nicht als konsumtives Tauschmittel, sondern in seiner „Auszahlungsfunktion" als Erfolgsmesser einer langfristigen und wohlüberlegten Strategie, bei der Intelligenz und Erfahrung, Risikobereitschaft und abwägende Vernunft den Einsatz darstellen.

Eine dergestalt rationale und strategische Lebenseinstellung wird naheliegender Weise nur selten angetroffen. Abschließend wollen wir uns deshalb fragen, wie eigentlich in unserer Zeit ein lebensgerechter Umgang mit Geld aussieht. Hier lässt sich im Einzelnen sagen:

- Die Wichtigkeit von Geld wird anerkannt. Es dient zur Herstellung einer Lebenssituation, in der man sich wohlfühlt, und sichert einen Lebensstandard, der mehr zu bieten vermag als den bloßen Lebensunterhalt.

- Das Engagement für Geld bleibt begrenzt. Man ist bereit, auch einmal hart und ausdauernd zu arbeiten, aber man will sich keinem jahrelangen Stress aussetzen. Gesundheit, das Zusammenleben in der Familie und mit Freunden, die freie Zeit und auch die Selbstachtung sollen keineswegs dem Erwerb langfristig geopfert werden.

- Vernünftigerweise wird ein Teil des Einkommens gespart, um Ziele verwirklichen zu können, die jenseits des Monatsgehalts liegen. Und in begrenztem Umfang wird auch eine individuelle Daseinsvorsorge aufgebaut.

- Das Geld, das man verdient, und auch dasjenige, das man gespart hat, wird möglichst auf eine persönliche Weise verwendet und soll helfen, bisher „ungelebtes Leben" zu realisieren.

- Ein bestimmtes Maß an Daseinsvorsorge und an Kapitalinvestition wird verstanden als persönliche Bejahung der Zukunft und auch als ein Ausdruck von Selbstachtung.

Es ist sicher, dass der symbolische Charakter des Tauschmediums Geld zum Anlass für vielfältige, dumme, irrationale und auch krankhafte Verhaltensweisen werden kann. Die wichtigsten von ihnen habe ich versucht, näher zu beleuchten. Ohne jeden Zweifel aber ist die Mehrzahl der Menschen heute durchaus in der Lage, die „Natur" und Lebensbedeutung des Geldes vernünftig einzuschätzen und mit ihm im Großen und Ganzen richtig umzugehen.

Vom Blitz getroffen zu werden ist viermal wahrscheinlicher als die Lottomillion

Lotto – Woche für Woche sind die Augen von Millionen gebannt auf den Fernsehschirm gerichtet: In einer Trommel wirbeln 49 Kugeln durcheinander, Kugel für Kugel wird ausgeworfen und schließlich bestimmen sieben Kugeln – eine magische Zahl –, wen sie diesmal als Gewinner erwählt haben. Mag die Wahrscheinlichkeit eines Gewinnes auch noch so klein sein, das Millionenspiel übt unvermindert seinen Reiz aus. Denn nur beim Lotto kann man mit so kleinem Einsatz Millionär werden. Es sind nicht nur die Millionen, die Millionen locken: Woche für Woche werden immer wieder aufs Neue persönliche Hoffnungen und Träume geweckt, die den Reiz dieses Spiels wesentlich mitbestimmen.

Immer da, wo Spiel mit Einsatz, Gewinn oder Verlust verbunden ist, kommt zum Traum vom großen Treffer ein Weiteres hinzu: Der Nervenkitzel, der durch das Hin und Her zwischen Risikobereitschaft und Sicherheitsbedürfnis entsteht.

Über 14 Milliarden Mark setzen die Deutschen jährlich für Lotto, Toto und Ähnliches im wahrsten Sinne des Wortes aufs Spiel – Einsätze in Kasinos noch nicht mitgerechnet. Rund 250 Mark investiert der Durchschnittsbürger pro Jahr in offizielle Glücksspiele.

Wohl kaum ein Bundesbürger macht sich beim Ankreuzen seiner Zahlen im Spiel 6 aus 49 Gedanken darüber, dass es zu seinem Tipp exakt 13.983.815 weitere Kombinationsmöglichkeiten gibt. Und nur eine davon wird bei der folgenden Ziehung die richtige sein. Die Chance, „einen Sechser zu landen", hat die winzige Wahrscheinlichkeit von nur 0,0000715. Zu 98,14 Prozent geht man völlig leer aus und hat noch nicht einmal drei Richtige. So liegt es offen, dass ein Instrument wie Lotto oder andere Glücksspiele nicht das geeignete Mittel zur Vermögensbildung sein kann.

Vater Staat

Gleichwohl einer nie da gewesenen Höhe staatlicher Wohlfahrt hat sich eine neuartige Staatsverdrossenheit unter den Bundesbürgern eingeschlichen. Das praktische Leben und der Staat haben sich im Laufe der Jahre weiter voneinander entfernt. Sowohl Politiker als auch das Wahlsystem in der westlichen Gesellschaft verleiten dazu, dass jene Politiker gewählt werden, welche die meiste Wohlfahrt versprechen. Von ihnen wird verlangt, dass sie die Wirtschaft lenken, Krisen vermeiden, allen helfen, die es nötig haben, und den Bürgern zudem noch wenig Steuern abverlangen. Diese Erwartung geht jedoch nicht mehr auf!

Wertarbeit in der Produktion (Industriezeitalter) ist heute kein deutsches Privileg mehr. Im Informationszeitalter liegt auch hierzulande das größte Wertschöpfungspotenzial in der hochwertigen Dienstleistung.

Weltweit investieren

Während der letzten fünf Jahre hat es weltweit rund 20 Fast-Total-Entwertungen von Währungen gegeben, die meisten Fälle im Einflussbereich der früheren Sowjetunion und in Lateinamerika. Das trifft stets die Sparer am meisten: Bankkonten, Kapitallebensversicherungen und alle übrigen geldwerten Ansprüche gehen zu Grunde, Aktien und Immobilien überleben meistens, aber nicht immer!

Die Lehre hieraus heißt deshalb: Teilen Sie Ihre Vermögen auf mehrere staatliche Einflussbereiche auf, wobei wir heute davon ausgehen müssen, dass der künftige deutsche Einflussbereich eigentlich eine EU-Zone ist. Da bleiben wirklich nur noch die USA und die Schweiz übrig, den meisten anderen Staaten mangelt es mal an der rechtlichen wie zuweilen auch an der überwachenden Sicherheit.

> **Merken Sie sich:**
> Jede Währung ist nicht Wertaufbewahrungsmedium an sich, sondern dient in erster Linie als Handelsinstrument!

Früher hat man das ganz genau gewusst, waren doch die Währungen in Gold und Silber ausgestattet, also Wert an sich! Heute muss uns die Bonität der Notenbank genügen, und das ist schließlich bei uns der Fall.

Der Schlendrian setzt erst später ein

Und dafür hat schon heute der Nobelpreisträger James Buchanan – auf dem Alpbach-Forum der Banken – die Wegweisung gegeben. Seine Heilmittel sind die Disziplinierung durch Chaos und Entwertung. Seine Thesen sind für Anleger beachtenswert, weil er damit Sorge tragen kann, nicht ins Chaos gerissen zu werden. Sie lauten:

- Weil letztlich private Steuerzahler auch für außer Kontrolle geratene öffentliche Schuldenberge gerade stehen müssen, würden gelegentliche Staatspleiten als Disziplinierungsfaktor für die internationalen Finanzmärkte eine gesunde Entwicklung sein.

- Banken, die auf eigenes Risiko an Staaten Kredite geben und Regierungen, die Bank- oder Industriekredite garantieren, werden durch die Zahlungsunfähigkeit ihrer Schuldner davon abgehalten, immer weitere Gelder zu geben bzw. zu garantieren. Die Disziplinierung wird früher als durch das heutige Weltfinanzsystem erfolgen.

- Am Beispiel der Schuldenkrisen Lateinamerika und Japan hat sich gezeigt, wie undisziplinierte Banken, westliche Regierungen und internationale Finanzinstitutionen „durch Manipulierung ihrer Bilanzen zu Lasten der Steuerzahler" mit den Schuldnern gemeinsame Sache machen. Sowohl die Bürger der Schuldnerstaaten wie die Bürger der Kredit gebenden Länder wären durch sofortige Staatspleiten besser dran gewesen.

- Gelegentliche Staatspleiten sind für die internationale Wohlfahrt deshalb unproblematisch; schlimmer ist es aber dort, wo Massen von Anleihebesitzern Entwertungen hinnehmen müssten.

- Die GUS-russische Föderation unter Jelzin hätte mit Rücksicht auf Russlands Steuerzahler die Übernahme der Auslandsschulden der früheren Sowjetunion Anfang 1990, beim Zusammenbruch der UdSSR, ablehnen müssen. Die internationale Kreditwürdigkeit

Moskaus – dies zeigt sich jetzt – wurde durch die Anerkennung nicht erhalten, ein Schlussstrich unter die Jahre des Kommunismus wäre besser gewesen. Die internationale Kreditwürdigkeit hängt – das beweisen die letzten Jahre – nur von der wirtschaftlichen Leistungsfähigkeit und der Demokratie ab, nicht von Zusagen über die Regulierung von Altlasten.

Diese Statuten sind das Muster künftiger Entwertungen: Der Weg für Neuanfänge, für das Abladen alter Schulden auf dem Müll der Geschichte ist frei! Die Verluste treffen erneut nur jene, die Geld hatten, der andere, meist größere Teil einer Bevölkerung hat nur Vorteile zu erwarten, wenn neu angefangen wird.

Der Kapitalanlagebetrug hat in Deutschland einen Umfang angenommen, der längst den Gesetzgeber zum Eingreifen veranlassen sollte.

In Deutschland wird sofort festgenommen, wer zehn Euro Zeche im Lokal nicht zahlt, aber gleichzeitig ist es faktisch erlaubt, anständigen Leuten schlechte Anlagen zu verkaufen und sogar dafür noch in den Zeitungen im Allgemeinen und in der Wirtschaftspresse im Besonderen zu werben.

Aktiv wird die Staatsgewalt nur, wenn die Betrugsaktionen bereits vollendet sind, und auch da fallen die Strafen meist sehr gering aus. Mehr als ein paar Jahre Gefängnis hat in Deutschland noch kein Betrüger erhalten, auch wenn er die Leute um dreistellige Millionenbeträge brachte. Er sitzt folglich – meist bereits schon als Freigänger – zwei Drittel seiner Strafe ab und lebt dann als reicher Mann bis an sein Lebensende.

Der Gerlach-Report schrieb in seiner Ausgabe 14/94 „Milliardenschäden durch unseriöse Investmentangebote", dass unzureichende Kontrolle und veraltete, unprofessionelle Gesetzgebung für chaotische Zustände sorgen. Die miserable Gesetzgebung übe natürlich auf Dilettanten und Täuscher der Branche eine erhebliche Anziehungskraft aus. Aus der Sicht dieser schwarzen Schafe ist das geradezu ein ideales Betätigungsfeld. Investmentanlagen werden auf unsinnige Weise mit anderen Anlagen kombiniert, das heißt, der Anleger ist praktisch blockiert.

Erwerben Sie nur Bewährtes!

Und auch hier wieder: Verteilen Sie in rechtlicher, sachlicher und monetärer Art. Denken Sie immer daran: Die soziale Zeitbombe tickt! Die Altersentwicklung gefährdet die soziale Sicherheit. Heute wird das durch immer höhere Staatsleistungen noch kaschiert. Es ist aber auf Dauer nicht durchzuhalten.

Sie müssen selbst vorsorgen und zwar so, dass weder Betrüger noch Gesetze Ihnen davon zu viel wegnehmen können! Sehen Sie die Staatsverschuldung in Deutschland zunächst nicht als Gefahr, sondern als moderates Instrument der Regierungen, Finanzlasten auf kommende Generationen zu verschieben. Die Verschuldung von heute erfolgt immer weniger für langfristige Investitionen und immer mehr für laufende Konsumausgaben. Die gegenwärtige Generation lebt demnach zu Lasten der kommenden.

Der Euro ist da, und viele Kapitalanleger fliehen. Schon heute können sich daher die Dollar- und Yen-Regionen auf den Kapitalzustrom freuen. Es wäre an die deutsche Quellen- und danach die Zinsabschlagsteuer zu erinnern: Weder Stoltenberg noch Waigel hatten irgendeine Ahnung, dass diese Gesetze zur großen Kapitalflucht führen könnten. Die jüngsten Reglementierungen und Änderungen der ohnehin komplexen Steuergesetze unter unserer jetzigen Regierung werden ohnehin ihre eigene Resonanz von Seiten der Bevölkerung auslösen. Geld ist scheu wie ein Reh, das war immer so und wird sich vorläufig nicht ändern.

„Ein neues Geld", so Professor Hankel weiter, „braucht lange, bis es weltweit akzeptiert wird. Europas monetärer Standortvorteil wird verspielt – man fragt sich nur: Wofür?"

Der Kapitalanleger von morgen ist ein Weltbürger!

Der Kapitaltransfer zur längerfristigen Anlage ist wie der tägliche Handel längst internationalisiert. Der deutsche Anleger ist heute in seiner Ausrichtung nicht allein an deutschem Investment interessiert. Längst ist der Blick über den bundesdeutschen Tellerrand hinaus auf die Anlagechancen weltweiter Märkte gerichtet, die es gilt, sich nutzbar zu machen. Als Europäer investiert er heute international, als Weltbürger. Anlagechancen in Märkten wie den USA mit einer Börsenkapitalisierung von über 45 Prozent der Weltmärkte eröffnen Chancen, die er sich zunutze macht. Es dominieren die Finanzströme zum Erwerb von Wertpapieren. Eine echte Daueranlage, wie dies früher bei Rentenwerten fast ausschließlich der Fall war, gibt es nicht mehr. Die Kurse von Anleihen schwanken neuerdings nicht weniger als die von Aktien. 1993 kam es zu massiven Kursgewinnen von 30 Prozent, 1994 waren fast crashartige Verluste von 20 Prozent jeweils im langen Laufzeitensektor zu beklagen.

Nicht nur über den Wolken ist die Freiheit grenzenlos!

Auch am internationalen Finanzmarkt gibt es keine Beschränkungen. Betrieben wird diese Maschinerie des Geldes von Banken, Brokerhäusern und Finanzgesellschaften. Mehr und mehr aber drängen auch Privatvermögen an diesen Trog der großen Hoffnungen. Sie laufen dabei große Gefahr, über den Tisch gezogen oder eben von der Geschwindigkeit dieses Marktes aufgerieben zu werden. Von Vorteil ist der neue Weltfinanzmarkt aber, wenn man sich über Investmentfonds ein gutes Management sichert und so den Großen der Welt nicht nachsteht. Eine Information ist oft nur so lange wertvoll, bis die breite Masse über sie verfügt. Es gilt, die Spreu vom Weizen zu trennen und als individuelle Anlageform sein eigenes Depot zu entwickeln. Der Trend der späten achtziger Jahre ließ deutlich die Anlageformen wie Rentenpapiere und Lebensversicherungen erkennen. Vereinzelt verkauften die Banken Aktiendepots mit unterschiedlichen Werten. Nach dem Andrang der internationalen Fondsgesellschaften in den neunziger Jahren konnte sich der neue und weitaus bequemere Trend einer Anlage in den Dachfonds, oder auch Fund of Funds, durchsetzen. Nicht zuletzt die veränderte Haftungsgrundlage trug dazu bei, dass sich der Sparer vor der Bank zu schützen suchte. Heute muss sich die Bank vor dem Anleger schützen, um nicht im Einzelfall eine Fehlberatung geliefert zu haben. Beratungshaftung ist eines der Kernthemen der heutigen Zeit.

Wir leben im Informationszeitalter, und nun das Erstaunliche daran: Wir sind allesamt überinformiert. Wir können die tägliche Flut der Meldungen nicht mehr verarbeiten, die uns aus den Tageszeitungen, den Onlinediensten, dem Fernsehen und allen zur Verfügung stehenden Nachrichtensendungen entgegenströmt. Die Quellen, denen wir uns angeschlossen haben, überladen uns mit Nachrichten, die uns die Sicht auf das Wesentliche vernebeln.

Investmentfonds als Kapitalanlage

Die Investmentfondsidee wurde in England geboren und in den USA erwachsen. In Deutschland wurde die erste Fondsgesellschaft (ADIG) bereits 1948 gegründet und startete sogleich ihren ersten Fonds (Fondra).

Erst fünf Jahre später kam durch die Dresdner Bank eine zweite Fondsgesellschaft hinzu. Heute gibt es rund 6.550 zum Vertrieb in Deutschland zugelassene Investmentfonds, und es werden täglich mehr.

In Amerika gibt es inzwischen rund 5.700 Fonds, das sind mehr als einzelne Aktien an den Börsen notiert sind. Das verwaltete Vermögen liegt dort bei rund zwei Billionen Dollar. Bis zum Ende des Jahrzehnts hatte auch Deutschland über eine Billion Euro Fondsvermögen angehäuft.

Hier gleich einer der wichtigsten Gründe für gute Börsenaussichten in der Zukunft: Das Fondsvermögen wächst schneller als der Umfang an verfügbaren Aktien. Damit ist die Nachfrage weitgehend gesichert.

Bis Mitte der sechziger Jahre kamen die deutschen Fonds nur wenig voran. Erst ein Amerikaner namens Bernie Cornfield, von Beruf Sozialarbeiter, öffnete der Fondsidee in Europa die Türen, an denen er und seine wachsende Verkäuferschar auch tatsächlich klingelten. Fonds wurden von da an direkt und nicht nur über den Bankschalter verkauft. Rund 300.000 deutsche Sparer vertrauten dem in Istanbul geborenen und im schmutzigen Brooklyn aufgewachsenen Cornfield rund 1,3 Milliarden Euro an.

Wer in den ersten Jahren bei IOS, so hieß seine Kapitalsammelstelle, einstieg, konnte mit dem Erfolg durchaus zufrieden sein: Der Anteilspreis des Fund of Funds stieg zwischen 1963 und 1967 um 138 Prozent, während der vergleichbare deutsche Akkumula-Fonds nur um 39 Prozent zulegte. Manager Cornfield war zwar ein guter Verkäufer, aber kein zuverlässiger Organisator. Seine Gesellschaft und die Fonds kamen in eine Krise, aus der sie nicht mehr herausfanden.

Die Gründe für das Scheitern lagen – sehr lehrreich für heute – in der fehlenden rechtlichen Sicherheit, denn die IOS-Fonds waren nicht in Amerikas strenge SEC-Richtlinien eingebunden, sondern in karibischen Mini-Inlands registriert, die Kasse war für jedermann offen.

Der Niedergang von IOS und seinen vielen Trabantenfonds führte künftig zu großer Zurückhaltung der Anleger gegenüber der Fondsanlage. Von 1970 bis 1982 verzeichneten fast alle Fonds in Deutschland mehr oder minder große Abflüsse. Erst mit der Zeit kam wieder Leben in die großartige Fondsidee. Hier wirkte sich der Umstand günstig aus, dass alle deutschen Fonds einer Bank, einige auch Versicherungen, nahe stehen. Was also für die Wertentwicklung zuweilen von Nachteil war, wirkte sich in puncto Solidität vorteilhaft aus.

Seit den siebziger Jahren verhindern deutsche Gesetze das Auftreten betrügerischer oder rechtlich anfälliger Fonds im Lande. Seit 1990 gilt in Deutschland die EU-Harmonisierung. Fonds, die in einem EU-Mitgliedstaat zugelassen sind, können somit auch in Deutschland verkauft werden. Auf diese Weise wurde Luxemburg zum Mekka für Fondsanleger überhaupt; beschleunigt wurde diese Entwicklung noch durch die deutsche Zinsabschlagsteuer.

Investmentfonds sind Direktanlagen in Vermögensgegenstände, zum Beispiel Aktien, über einen Pool vieler Anleger, wodurch das Einzelrisiko und natürlich auch die Chance gleichmäßig verteilt werden. Zum Schutz der Anleger dürfen diese Vermögens-Pools nicht beliebig zusammengestellt werden. Die Fondsverwaltungen dürfen zum Beispiel nicht mehr als fünf Prozent des Vermögens in die Aktien einer Gesellschaft investieren. Ausnahmen bis zehn Prozent gibt es, dann aber dürfen solche Positionen höchstens 40 Prozent des Fondsvermögens betragen. Alle Anteile müssen täglich zurückgenommen werden. Für Auslandsfonds gilt, dass sie alle Mitteilungen in deutscher Sprache ausgeben müssen, es müssen ein deutscher Repräsentant und eine deutsche Zahlstelle (Bank) benannt sein. Da das Luxemburger Investmentrecht großzügiger ist, legen fast alle innerdeutschen Fondsgesellschaften in letzter Zeit zusätzlich Fonds in Luxemburg auf.

Fonds ist nicht gleich Fonds! Nicht einmal der Name ist geschützt, deshalb ist „Fonds" in unserem Sinne immer als Investmentfonds zu verstehen. Der Name „Fonds" sagt nur, dass etwas zusammengelegt wird. Deshalb wird unter dieser Bezeichnung vieles genannt und auch angeboten, was nichts mit Fonds als Kapitalanlagen zu tun hat.

Der direkte Aktienanleger hat immer die Baisse als Verlustbringer im Nacken! Es heißt nicht umsonst: „Dem Performance-Rausch folgt todsicher der Kursrückgangskater!" Wer regelmäßig feste Beträge in Investmentfonds investiert, muss sich davor nicht fürchten. Er kauft besonders viel, wenn die Kurse fallen. Am bequemsten erfolgt dies durch die Anlage stets gleicher Monatsbeträge (Cost Averaging).

Zusätzlicher Vorteil der planvollen Daueranlage: Die Ausgabeaufschläge beim Erwerb auf Aufbaukonten sind meist niedriger. Manche Aktienfonds kürzten sie auf drei Prozent, einige Rentenfonds auf zwei Prozent. Schweizerische Fonds, soweit sie in der Schweiz gekauft werden, hatten immer schon sehr niedrige Aufschläge, die nur etwa bei 0,5 bis 1,5 Prozent lagen.

Die Zeit hoher Ausgabeaufschläge geht dem Ende zu! Zunehmende Konkurrenz der Anbieter, sie haben sich innerhalb der letzten zehn Jahre verfünffacht, führt jedenfalls dort zur Beschneidung der Aufschläge bzw. zu deren vollkommenem Wegfall, wo keine ausführliche Beratung benötigt wird. Diese No Load Fonds, auch Nullkostenfonds genannt, berechnen bis zu einem Prozent höhere laufende Kosten. Jeder Fonds hat Verwaltungskosten für Druck, Publikation und Versand der Berichte, für Werbung, für Dividendenmitteilungen, Honorare für Prüfer, Vergütung der Depotbank usw. Dazu kommen die Kosten des Managements, die beispielsweise bei den auf Standardwerte konzentrierten Fonds niedrig, aber bei Spezialfonds, etwa denjenigen für Small Caps oder Emerging Markets höher sind.

Besteuerung der Investmentfonds

Bei genauerer Belichtung stellen wir fest, dass aus steuerlicher Sicht in drei Kategorien unterschieden werden muss.

1. Beim BAV registrierte Fonds (wenn sie in einem Mitgliedsland der Europäischen Union zugelassen sind). Widerspricht das BAV nicht,

gilt der Fonds nach § 17 Auslandsinvestitionsgesetz als steuerbegünstigt. Kursgewinne, deren Laufzeit über sechs Monate und einem Tag liegen sind ohnehin steuerfrei.

2. Fonds, die nicht registriert sind, aber einen steuerlichen Repräsentanten haben. Bei diesen Fonds unterliegt die Gesamtausschüttung der Besteuerung, also nicht nur der Anteil, der auf den Zinsertrag entfällt, sondern auch die Veräußerungsgewinne von Aktien, Anleihen und Bezugsrechtserlösen.

3. Fonds ohne steuerlichen Repräsentanten. Bei diesen Fonds werden nicht mehr die Erträge erfasst, sondern pauschal 90 Prozent des Mehrbetrages besteuert, der sich aus dem Vergleich zwischen dem ersten und letzten Rücknahmepreis eines Jahres ergibt.

Investoren in Deutschland, die Anteile an einem Investmentfonds kaufen möchten, sollten sich vor Zeichnung der Anteile durch einen qualifizierten Berater aufklären lassen.

Jeder Anteilsbesitzer erhält von seiner Fondsgesellschaft jeweils zum Ausschüttungstag (einmal oder mehrmals im Jahr) – ganz gleich, ob sofort wieder angelegt oder ausgeschüttet wird – eine Mitteilung, aus der hervorgeht, welcher Teil der Ausschüttung steuerpflichtig und welcher steuerfrei ist.

Da für Investmentfonds die steuerliche Sechsmonatsfrist im Innenverhältnis des Sondervermögens nicht gilt, sind alle Kursgewinne steuerfrei. Im Außenverhältnis ist das aber nicht der Fall. Wenn also ein Fondsanteil innerhalb von sechs Monaten wieder verkauft wird, sind die Kursgewinne steuerpflichtig.

Zinsabschlagsteuer: Sie gilt seit 1. Januar 1993 und beträgt 30 Prozent, bei Tafelgeschäften 35 Prozent. Es handelt sich lediglich um eine steuerliche Vorauszahlung. Die endgültige Steuerfestsetzung erfolgt also immer mit der Einkommensteuererklärung. Der Anleger kann einen so genannten Freistellungsauftrag abgeben und erhält dann die vollen Ausschüttungen ohne Abzug.

Betroffen vom Zinsabschlag sind alle Wertpapiere, die im Inland verwahrt werden, steuerfrei ist alles, was im Ausland liegt. Bei thesaurierenden (nicht ausschüttenden) Fonds zieht die Fondsverwaltung den

Zinsabschlag ebenfalls ab, soweit kein Freistellungsauftrag vorliegt. Da sich immer wieder Änderungen ergeben, sollte man von seinen Fonds entsprechende Merkblätter anfordern, um auf dem Laufenden zu bleiben. Neuregelungen betreffen beispielsweise den Zwischengewinn, der nun, auch wenn verkauft wird, dem Abschlag unterliegt.

Entscheidend für den Anleger ist vor allem, dass bei Aktienfonds sämtliche Kurs- und Währungsgewinne steuerfrei bleiben! Dies entfiele nur, wenn innerhalb von 12 Monaten und einem Tag bereits wieder verkauft wird, was ja kaum je der Fall ist. Der Investmentfondsanlage im Aktienbereich ist daher unter allen Kapitalanlagen jedenfalls dann der Vorzug zu geben, wenn es sich um kontinuierlichen längerfristigen Vermögensaufbau handelt.

Anlagefonds sind die saubersten Finanzgeschäfte!

Die Amerikaner sehen Fonds als ideales Instrument für die persönliche Vermögensbildung und Rentenanwartschaft, gab es doch in früheren Jahren nur wenige Möglichkeiten, sich über Pensionskassen eine Altersversorgung aufzubauen. Eine gesetzliche Rentenversicherung à la Europa fehlt auch heute noch. Die Erfahrungen der Amerikaner, die sie zunächst auf Aktienfonds aufbauten und später des guten Erfolges wegen auf Rentenfonds ausdehnten, liegen in der Erkenntnis begründet, dass nur diszipliniertes, systematisches Investieren ohne Rücksicht auf die jeweils aktuellen Kurse zu überdurchschnittlichen Resultaten führt und die Anlagefonds wegen der automatischen Wiederanlage und der Risikobegrenzung zusätzliche Vorteile bieten.

Investmentfonds bieten eine kostenlose Versicherung gegen Investitionsfehler: Wer vor zehn Jahren in die damals als aussichtsreichste Aktie bezeichnete IBM investierte – immerhin ging es vorher dreißig Jahre lang stürmisch nach oben – hatte zeitweise 70 Prozent Verlust zu beklagen, der sich bis heute auf etwa 40 Prozent reduzierte. Wer damals den gesamten Markt kaufte, erzielte 200 Prozent Gewinn; wer noch das Glück hatte, beim Templeton Growth Fonds zu erwischen, bekam dies mit 330 Prozent vergütet.

Wer in einen Investmentfonds anlegt, wählt eigentlich einen Manager, denn nur ein langfristig intaktes Management kann das nötige Vertrauen durch Leistung rechtfertigen. Deshalb ist das, was neuerdings viele Fonds praktizieren, Unsinn: Sie geben einem Manager nur wenige Quartale zum Erreichen von Spitzenrenditen Gelegenheit. Erfüllt er die Erwartungen nicht, wird er ausgetauscht und so wurstelt sich nach und nach ein Manager nach dem nächsten durch die Anlagedepots. Dies verleitet zu extremer Risikofreudigkeit: jeder Neue weiß, dass er mit Mittelmäßigkeit auf jeden Fall draußen ist, was fast zu abenteuerlichen Spekulationen zwingt.

Ein Investmentfonds wird in den meisten Fällen nach unterschiedlichen Investmentansätzen verwaltet. Bei den Anlageentscheidungen unterscheidet man Grundsätzlich zwischen dem Top-Down- und dem **Bottom-up**-Ansatz. Während das Fondsmanagement beim **Top-Down**-Ansatz ausgehend von volkswirtschaftlichen Daten (Börsenkapitalisierung des Landes etc.) zunächst Gewichtungen für die einzelnen Anlageländer festlegt und dann die Quote mit Wertpapier-Titeln auffüllt, sucht das Fondsmanagement, das nach dem Bottom-up-Ansatz vorgeht, interessante Einzeltitel aus, ohne auf die Länderquote zu achten. Vor allem Small-Cap-Fonds (Investmentfonds mit kleinen Aktientiteln) werden in aller Regel nach dem Bottom-up-Ansatz gemanagt.

Das Fondsmanagement orientiert sich üblicherweise an einem Referenzindex. Der Vergleich zwischen Index- und Fondsentwicklung macht die Leistung des Managements messbar. Ein über dem Index liegender Wertzuwachs oder ein geringerer Wertverlust wird dadurch angestrebt, dass das Management gezielt von der Indexzusammensetzung abweicht und beispielsweise bestimmte Wertpapiere im Fonds stärker oder schwächer vertreten sind als im Index.

Die internationalen Finanzmärkte sind keine Einbahnstraßen!

Dessen muss sich auch der Investmentkunde bewusst sein! Früher hieß es, „wer gut essen will, kauft Aktien, wer gut schlafen will, nimmt Anleihen", das ist längst Schnee von gestern: Denken Sie an die Hochzinswelle von 1989 bis 1993, welche die Rentenkurse einbrechen ließ, aber auch an den Rentencrash des Jahres 1994, der in der Spitze die Rentenwerte bis um 21 Prozent drückte. Und so, wie heute die Märkte aussehen, kann man kaum annehmen, dass in den Bondmärkten Ruhe einkehrt. Die Anleihe ist nicht mehr Anlagemedium allein, sie ist in nie da gewesenem Umfang zum Spekulationsmedium geworden, das in vielen Bereichen sogar noch beliebter ist als die Spekulation mit Aktien oder Edelmetallen.

Es kann deshalb sein, dass Sie heute Investmentanteile kaufen und diese in den Folgewochen, -monaten oder gar -jahren im Kurs unter den Einstandspreis fallen. Wie vermeiden Sie das? Die einfachste Art und Weise, dem aus dem Wege zu gehen, besteht in einem systematischen Anlageplan: Jeden Monat wird eine konstante Summe investiert, fallen die Anteilspreise, werden automatisch mehr Stücke gekauft. Verteuern sich umgekehrt die Papiere, werden weniger Anteile erworben, aber der Wert der bereits erworbenen Anteile steigt.

Beispiel eines Sparplanes (Cost Averaging)

Monatlicher Anlagebetrag: 800 Euro
Betrachtungszeitraum: Januar – September

Monate	Preis eines Anteils	erworbene Stückzahl
Januar	350	2,28
Februar	330	2,42
März	310	2,58
April	270	2,96
Mai	250	3,2
Juni	280	2,85
Juli	300	2,66
August	310	2,58
September	350	2,28
Summe		**23,81**

Neun Monate lang wurden regelmäßig Anteile bei fallenden und steigenden Kursen gekauft. Es wurden insgesamt 7.200 Euro investiert. Der Wert der erworbenen Anteile beläuft sich auf 350 Euro x 23,81 Anteile = 8.333 Euro.

Ordentliche Erträge aus Aktieninvestmentfonds bestehen aus:
- Kursgewinnen,
- Währungsgewinnen,
- Dividenden,
- Zinsen.

Kurse steigen und fallen. Bei einem Sparplan nutzen Sie diesen nicht vorhersehbaren Trend. Bei fallenden Kursen erwerben Sie die Anteile des Fonds günstiger, und zunächst scheint es, als hätten Sie weniger auf dem Konto als bislang eingezahlt. Bei steigenden Kursen hingegen werden sie belohnt. Sie erwerben dann weniger Anteile monatlich, aber das Basisinvestment, das heißt der Wert der bislang erworbenen Anteile steigt dann überproportional an. Man könnte sagen, dass ein Sparplan in Aktienfonds der Turbo der Vermögensbildung ist. Ferner ist es empfehlenswert für den Sparplan einen Aktienfonds auszuwählen, der besonders schwankungsstark (volatil) ist, damit kommt der Effekt des Cost Averaging besonders zum Tragen. Dieses Prinzip ist von elementarer Wichtigkeit. Es ist unbedingt notwendig, dass Sie den kraftvollen Effekt des Sparplanes erkennen und für sich nutzen.

Hohe Einmalanlagen sollten stets nur in weltweit anlegende und risikoarme, also weniger volatile Fonds vorgenommen werden. Da man nie weiß, ob die Börse hoch oder tief notiert, ist das die wichtigste Beschränkung. Dazu einige Beispiele: 1974 lagen die Börsenkurse in den USA, aber auch in Europa sehr niedrig, die nächste Hausse aber begann erst 1982 in den USA und 1983 in Europa. Oder anders herum: Nach dem Crash vom Oktober 1987 stieg der Dow Jones Industrial Average von 1.900 auf 3.000 Punkte im Jahr 1992. Zu dieser Zeit hätte man deshalb mit großer Berechtigung die US-Börse als teuer ansehen müssen, aber die Kurse stiegen weiter bis auf knapp 4.000 Punkte im Sommer 1994. War der Index nun teuer? Wahrscheinlich, aber wenn die US-Unternehmen, wie es viele erwarteten, 1995 ihre Gewinne hätten verdoppeln können, dann wäre die Aktienbewertung plötzlich sehr niedrig gewesen.

Investmentgesellschaften sind die größte Anlegergruppe an den Börsen! Das war nicht immer so. In Amerika lagen bis Ende der fünfziger

Jahre die Versicherungen vorn und wurden dann durch die Pensionskassen abgelöst. Über drei Jahrzehnte, bis zum Ende der achtziger Jahre, war der typische amerikanische Großinvestor stets eine Pensionskasse.

Der große Aufschwung der Investmentfonds begann mit Ronald Reagans Regierungszeit Anfang der achtziger Jahre. Noch 1984 waren die Aktien- und Rentenfonds in den USA nur gut 100 Milliarden Dollar schwer. Seit damals verzehnfachte sich die Anzahl der Fonds, und ihr Vermögen wird auf 1.400 Milliarden Dollar geschätzt, wovon rund die Hälfte auf Aktienfonds entfällt. Diese hatten ihren größten Zuwachs nach dem Crash von 1987; seitdem vervierfachten sie sich gar! Dafür gab es zwei Gründe:

Erstens haben zunächst die siebziger Jahre und dann der Aktiencrash teils große Wunden in die Depots von Einzelanlegern gerissen. Diese Erfahrungen mit Aktien ließen bei den Anlegern die Erkenntnis reifen, dass ihr Kapital in Fonds besser aufgehoben ist.

Zweitens ist das hohe Fondsvermögen nur zum geringeren Teil durch Kapitaleinzahlungen entstanden, etwa drei Viertel sind auf Kurssteigerungen und Wiederanlagen begründet.

Etwa 60 Prozent aller Fondsanleger haben nach Recherchen noch nie eine richtige Baisse mitgemacht. Man weiß heute nicht, wie sie reagieren, wenn es tatsächlich wieder einmal zu Kursrückgängen über Jahre kommen sollte, wie man es aus den siebziger Jahren kennt. Damals gab es vor allem in der Zeit zwischen 1974 und 1982 viele Verdruss-Verkäufe. Gerade sie waren die Ursache dafür, dass sich die Baisse so lange hinzog.

Die Bondmärkte sind seit Anfang 1994 bereits in einem Härtetest, der – vielleicht nach einer Entspannung 1995 – sich über Jahre permanent etablieren könnte. Gerade bei Anleihebesitzern ist dies eine fatale Entwicklung, mit der viele nichts anfangen können, glauben sie doch, gerade durch die Wahl des Rentenfonds vor negativen Überraschungen geschützt zu sein.

Bei den Aktienmärkten dürfte die Härtephase mit zunehmendem Wirtschaftsaufschwung, höherer Kreditnachfrage der Unternehmen und anziehenden Inflationsraten immer näher rücken. Die seit dem

13. März 2000 eingeläuteten Kursrückgänge waren ein weiteres Signal für diese Phase. Für diese Zeit muss der Aktienfondsbesitzer Kapital zurücklegen. Es kann gegenwärtig noch in Festgeldern, Geldmarktfonds oder kurzlaufenden Anleihen investiert bleiben. Versiegt der Kapitalzufluss in die Fonds und nehmen Rückgaben zu, dann müssen die Verwalter Aktien verkaufen, und dies leitet gerade bei einer so dominierenden Anlegergröße wie den Investmentfonds eine Baisse ein.

Halten wir deshalb fest, dass Sie mit Investmentfonds wohl die bestmögliche Anlageform wählen, dass Sie aber nicht wissen, ob die Kurse nach Ihrem Kauf steigen oder fallen werden. Sie können nur annehmen, dass die Zahl Ihrer Anteile durch Dividendenwiederanlage auch in Baissezeiten wächst. Sollte es zu Crash-Tagen kommen, können Sie sowieso unbesorgt kaufen: Das waren immer die besten Gelegenheiten!

Vorsicht Presse

Die Nachrichten aus aller Welt laufen in einigen wenigen Nachrichtenagenturen (International Press, DPA) zusammen. Diese Agenturen werden kontrolliert, und es werden nur kontrollierte Nachrichten an die Öffentlichkeit gelassen (Börse, Kriege, Politisches).

„Auch wenn fünf Millionen Menschen eine Dummheit sagen, bleibt es trotzdem eine Dummheit."

Die Rolle der Medien spiegelt eine unglaubliche Macht wider, die von den Bürgern völlig unterschätzt und nicht erkannt wird. Das Fernsehen, in dem ebenfalls deutlich wird, wie negative Botschaften in Nachrichten, Horror- und Gewaltfilmen das Verhalten der Zuschauer beeinflussen. Vorwiegend wird das Fernsehen jedoch zum Suggerieren von Meinungen benutzt (CNN, n-tv, Super Channel) – wie man denken, handeln und aussehen sollte, was man haben muss, um „in" zu sein, und welche politische Orientierung man haben sollte, welche Aktie gerade angesagt ist, wohin sich der Dollar bewegt …

Bin Laden ist schlecht. Bush und Schröder sind gut. Astrologie, Handauflegen, UFOs und Freie Energie sind Mist, aber Fußball und Formel 1 am Wochenende sind okay. Festverzinsliche Wertpapiere, Renten und Sparbuch sind gut. Aktien, Fonds und Beteiligungen sind spekulativ.

Dass aber genau das Gegenteil der Fall ist, trauen sich die Wenigsten zu sagen, weil sie dann von anderen ausgelacht werden. Die Sache ist nämlich die, dass man heutzutage dafür schief angesehen wird, wenn man eine eigene Meinung hat, die eventuell konträr zum Massenbewusstsein steht.

Das wirklich Gefährliche auf dieser Welt sind nicht eventuelle selbst ernannte Weltherrscher, Politiker, Banken – nein, es sind die unwissenden Menschen. Einer, der Wissen hat, kann nicht benutzt werden, denn er weiß ja.

Unsere Gesellschaftssysteme sind materiell ausgerichtet. Immobilienbesitz, Autos, Reisen und Kleidung unterstreichen unsere Haltung, welche sich ausschließlich über die Dinge definiert, die wir besitzen. Beruflich werden wir ausschließlich danach beurteilt, ob wir gut funktionieren und was wir leisten und nicht mehr danach, wer wir sind.

Angst um Arbeitsplätze, Angst um Versorgung, Angst vor Krankheit, Angst vor fallendem Dollar, Angst vor dem Euro, Angst vor Diebstahl, Angst, Angst, Angst scheint die Urmotivation allen gesellschaftlichen Lebens zu sein. Die gesamte Presselandschaft schürt diese Haltung, lehnt die Verantwortung dafür ab und erzieht den Sparer nicht zu sich selbst, sondern wiederum zu obrigkeitshörigen Lesern. Diese glauben dann nur zu gern an das, was geschrieben steht. Getreu nach dem Motto: Lesen heißt glauben. In diesem Zusammenhang folgendes interessantes Zitat:

„Standpunkte setzen sich aus Überzeugungen zusammen. Es ist einfacher zu beobachten, was Menschen glauben, als es sich von Ihnen erzählen zu lassen. Menschen, die behaupten etwas bestimmtes zu glauben und dennoch etwas Anderes erfahren, sprechen im Allgemeinen davon, was sie ihrer Meinung nach glauben sollten und nicht von dem, was sie tatsächlich glauben."

John Palmer

Volkstrauma Aktie

Es ist ein Phänomen, wie die Regierung der Bundesrepublik Deutschland und deren Wirtschaftsverantwortliche mit den Bürgern verfahren. Und es muss die Vermutung nahe liegen, dass die Umstände gewollt sind.

Wenn die nach der Einführung überzeichnete **Telekom-Aktie** ein ähnliches Schicksal erwartet wie andere Volksaktien, dann werden sich innerhalb der nächsten 20 Jahre die Hälfte der Aktionäre wieder von ihrem Papier und der Börse verabschieden und reumütig zu den herkömmlichen Sparformen wie dem Sparbuch oder den festverzinslichen Wertpapieren zurückkehren. Die T-Aktie teilt dann die Erlebnisse der Preussag-Emission aus dem Jahre 1959 und den Nachfolgern wie VW, Veba und anderen Papieren, die es geschafft haben, das Vertrauen der Bürger in die Aktie zu schwächen. Die genannten drei Papiere dienten dem Versuch, die Deutschen zu einem Volk von Teilhabern am Produktivkapital zu machen. War dieser Versuch erfolgreich?

Für die Banken geht die Rechnung allemal auf. Die Institute freuen sich über jede Einlage in ihren Depots und Konten. Sie können damit arbeiten, insbesondere Darlehen vergeben, aber auch anderweitig investieren und somit auf der Basis der Kundengelder Erträge in Milliardenhöhe erwirtschaften.

Es grenzt an ein sozialpsychologisches Wunder, wenn die Deutschen ebenso entschlossen und gelassen mit Aktien umgehen würden wie die Bürger der USA, England, Frankreich oder Skandinavien. Warum?

Die Deutschen sind im vergangenen Jahrhundert durch zwei Inflationen, zwei Währungsreformen (die dritte stellt zumindest aus emotionaler Sicht die Einführung des Euro dar) und zwei verlorenen Kriegen traumatisiert. Noch heute, Anfang des 21. Jahrhunderts, sind die seelischen Auswirkungen von Flüchtlingsschicksalen und anderen Kriegstraumata in den Familien tief verwurzelt und deutlich erkennbar. Die wesentlichen Merkmale dieser Folgen sind Risikoscheu, Angst vor Veränderung jedweder Art, zwanghaftes Festhalten an dem, was vertraut und berechenbar ist.

In jahrzehntelanger Erziehungsarbeit hat man es geschafft, die Deutschen nicht „zu sich selbst" zu erziehen und entwickeln zu lassen, nämlich zu selbständigem Denken, Urteilen und Handeln. Hierbei wird insbesondere die Rolle der Wirtschaftspresse und anderen Medien von den Bürgern völlig unterschätzt und nicht erkannt. Diese informieren und sprechen dem irrationalen und fehlgeleiteten Bürger nur zu gern nach dem Mund. Dieser kauft dann gern und glaubt das, was gedruckt steht – je reißerischer desto lieber. Dass aber genau das Gegenteil der Fall ist, traut sich niemand zu realisieren. Heute wird man leider noch dafür ausgelacht oder schief angesehen, wenn man eine eigene Meinung hat, die konträr zum Massenbewusstsein steht. Wie viele Generationen es dauern wird und wie heftig die Erlebnisse noch sein müssen, damit die Bürger aufwachen, bleibt abzuwarten. Die T-Aktie war überzeichnet und der Euro stand vor der Tür und trotzdem geht es weiter, für die Unwissenden ebenso wie für diejenigen, die erkannt haben, was in Deutschland und Europa los ist – nur mit dem kleinen Unterschied, dass die Wissenden ein sicherlich erlebnisreicheres Leben erleben und wirtschaftlich anders dastehen werden. Wie schon gesagt: Einer der Wissen hat, kann nicht benutzt werden, denn er weiß ja.

2. Für den Anleger

2.1 Geld für später anlegen! Aber wo?

Die staatlichen Leistungen der Bundesrepublik Deutschland haben einen derartigen Umfang angenommen, dass zu ihrer Aufrechterhaltung bereits zusätzliche Schulden gemacht werden müssen. Bereits heute sind 20 Prozent des Bundeshaushaltes Zinsen für Anleihen. Am Tag des Bedarfs wird, und das kann sich jeder Bundesbürger leicht ausrechnen, zu wenig übrig bleiben. Hinzu kommt, dass bei sich ständig erhöhender Lebenserwartung durch medizinische Entwicklungen und andere Faktoren die selbst gesteckten Lebensziele erfahrungsgemäß schwerer erreicht werden. Private Vorsorge, möglichst steuerbegünstigt, ist daher absolute Notwendigkeit, um sich im Alter nicht als Sozialfall wiederzufinden oder Dritten zur Last fallen zu müssen. Wer heute den Kopf in den Sand steckt, knirscht morgen mit den Zähnen.

Neben einer noch nie da gewesenen Höhe staatlicher „Wohlfahrt" hat sich eine neuartige Staatsverdrossenheit unter den Bundesbürgern eingeschlichen. Das praktische Leben und der Staat haben sich im Laufe der Jahre weiter voneinander entfernt. Sowohl die Politiker als auch das Wahlsystem in der westlichen Gesellschaft verleiten dazu, dass jene Personen gewählt werden, welche das höchste Maß staatlicher Fürsorge versprechen. Von ihnen wird verlangt, dass die Wirtschaft gelenkt, Krisen vermieden und allen geholfen wird – zudem sollten sie den Bürgern noch möglichst geringe Steuern abverlangen. Diese Erwartung gehen nicht mehr auf!

Wertarbeit in der Produktion (Industriezeitalter) ist heute kein deutsches Privileg mehr. Im Informationszeitalter der Bundesrepublik liegt das größte Potenzial in der hochwertigen Dienstleistung.

Als Kapitalanleger halten Sie bitte in Erinnerung, dass die vor uns liegenden 50 Jahre anders aussehen werden als die vergangenen. Das so genannte deutsche Wirtschaftswunder gehört der Vergangenheit an. Das Wirtschaftswachstum ist von 1948 bis 1958 jährlich um durchschnittlich über acht Prozent gestiegen. Der Bürger, welcher nach dem verlorenen Kriege 1945 und dem völlig zerstörten Deutschland noch Barvermögen zur Verfügung hatte, war gut positioniert. Hat ein Investor 1948 in deutsche Aktien investiert und zehn Jahre Geduld mitgebracht, konnte er eine Verzehnfachung seines Anlagebetrages feststellen. Hat er seine Aktien bis heute gehalten, hat er sein Geld mehr als verzweihundertfacht.

Die gleiche Situation wie 1948 in Deutschland stellt sich heute in Südostasien und den so genannten Emerging Markets dar. Nationen wie China, Indien, Indonesien, Malaysia, Korea und Südamerika werden Ähnliches erleben. Die Gegebenheiten sind optimal.

Betrachten Sie bitte auch Amerika. Die Einkommen gewisser Schichten sind unglaublich stark gestiegen, auf der anderen Seite ist die Zahl der Armen und der zum Minimallohn Beschäftigten um das Vielfache größer geworden. Es ist an der Zeit, die günstig gewordene Währung, den US-Dollar zu kaufen. Kaufen Sie dort gute Fonds ein, denn die US-Konzerne werden die größten Nutznießer der Öffnung Lateinamerikas sein.

Der starke Wille, wie Japan und Hongkong an die Weltspitze zu gelangen, relativ gute Schul- und Berufsausbildungen sowie niedrige Löhne und Gehälter sind gegeben. Die Menschen in Südostasien und Lateinamerika zeichnen sich durch hohe Arbeitsmoral, Lerneifer, Sparsamkeit und bescheidene Lebensführung aus. Mittelzuflüsse in Milliardenhöhe sind notwendig, um den sich rasant verändernden infrastrukturellen Erfordernissen gerecht zu werden. Eisenbahnlinien, Flughäfen, Straßen, Kaianlagen usw. sind die infrastrukturellen Notwendigkeiten, bei denen es lohnt, sich zu engagieren.

Aus heutiger Sicht dürfte sich in den nächsten zehn Jahren das in Südostasien angelegte Kapital mindestens verdreifachen. Wenn es sich so entwickelt wie in Deutschland nach dem Zweiten Weltkrieg oder in Mexiko, wird es sich mehr als verzehnfachen. Die Chancen hierfür stehen mehr als gut. Kaufen Sie jedoch nur Bewährtes. Investieren Sie in solide Aktienfonds, deren Manager in den Regionen zu Hause sind. Es geht darum, die Kultur, die Sprache und die Besonderheiten eines Landes zu verstehen. Die sozialen Systeme, politischen Veränderungen und Einflüsse für sich zu erkennen und umzusetzen. Ein guter Fondsmanager erfüllt diese Kriterien.

*Leben ist
das Allerseltenste
in der Welt –
die meisten Menschen
existieren nur.*

Oscar Wilde (1854–1900)

2.2 Kleine Fondspsychologie

„In Ihrem Beruf wollen Sie gut verdienen, warum nicht beim Sparen?"
Unter den verschiedenen Formen der Geldanlage wird der Investmentfonds als „Sparanlage für Fortgeschrittene" bezeichnet. Sparen insofern, als das Ansammeln von Investmentanteilen genauso einfach ist wie die Ansammlung von Vermögen auf dem Sparkonto. Der Sparer, der regelmäßig über Jahre monatlich oder vierteljährlich investiert, genießt gegenüber dem Einmalanleger den Vorteil, dass er bei fallenden Kursen mehr Anteile erwirbt und bei steigenden Kursen weniger, aber sein Grunddepot wächst.

Wer in einen Investmentfonds anlegt, wählt eigentlich einen Manager, denn nur ein langfristig intaktes Management kann das nötige Vertrauen durch Leistung erbringen.

Besonders gehetzt von der Wirtschaftspresse, die immer und immer wieder den Fonds des Monats, den Fonds der Woche kürt. Fragt sich, wann wir den Fonds der Stunde in den Hitlisten antreffen. Der Kerngedanke des Investmentfonds wird dadurch völlig missachtet, nämlich die langfristige Anlage über fünf Jahre hinaus an der prosperierenden Wirtschaft in einem gut gemanagten Fonds.

Viele Fondsgesellschaften lassen eine verantwortungslose und vor allem ungeeignete Praktik zu: Sie geben dem Manager nur wenige Quartale Gelegenheit, die Wertentwicklung positiv zu gestalten, erfüllt er die Erwartungen nicht, wird er ausgetauscht und so wurstelt sich nach und nach einer nach dem anderen durch die Anlagedepots und beschädigt neben einer wünschenswerten und konstanten Wertentwicklung zudem auch noch das Vertrauen der Anleger.

Leider, und das ist bezeichnend für uns Deutsche, erreichen die meisten Sparer ihr gestecktes Anlageziel nicht. Wir sind ein sparsames Völkchen, gepaart mit einem Haufen Emotionen, ein bisschen Gier und Angst vor Veränderung. Diese Faktoren spielen hierbei die wesentlichste Rolle. Was ist los?

Am liebsten ist den Deutschen, egal, ob es sich um ein Wirtschaftsgut oder eine Dienstleistung handelt, eine „Garantie" zu erhalten. Sorge begleitet das deutsche Wesen. Sorgen vor Kontrollverlusten und vor dem Verlassenwerden. Das Thema Sorge scheint wie die Angst eine der Urmotivationen allen gesellschaftlichen Lebens in Deutschland zu sein. Wie groß diese Angst ist, dokumentiert deutlich die Wirtschaftsmacht der Versicherungsgesellschaften in unserem Lande.

„Das Gesetz der Wirtschaft verbietet es, für wenig Geld viel Wert zu erhalten."

Zunächst gilt es zu unterscheiden, ob es sich um einen Anleger handelt, der selbstständig die Auswahl seines Investmentfonds vorgenommen oder um einen, der sich einer Beratung unterzogen hat und eine weitergehende Betreuung genießt. Leider nehmen viele Anleger in Deutschland zunächst eine kostenlose „Beratung" in Anspruch und kaufen dann etwas später einen Fonds bei einer der Discount Banken. Dieses ist insofern fatal, als die Beratung sich auf die momentane Situation des Kunden bezogen hat und diese sich sicherlich in den nächsten Wochen und Monaten verändern wird. Ebenso wie die Märkte dieses zweifelsohne tun.

Der **Fondsneuling**, ein vorsichtiger Anleger, der erstmalig in einen Fonds anlegt, ist ebenso denselben wirtschaftlichen Veränderungen und Gefahren ausgesetzt wie der Profianleger. Die einzig wirkliche Gefahr, die lauert, ist er selbst, ohne es aber zu wissen. Er investiert zunächst einen kleinen Betrag und erwartet in dem ihm bevorstehenden Jahr die vorhergesagten zehn bis zwölf Prozent Wertzuwachs. Er glaubt, den richtigen Zeitpunkt gewählt zu haben und wird nach einem halben Jahr eines anderen belehrt. Hätte er sein Geld festverzinslich oder auf dem Sparbuch angelegt, besäße er heute mehr. Hat sich sein Betrag um über 20 bis 30 Prozent verringert, verkauft er panisch aus Angst vor noch höherem „Verlust" seine Anteile und kehrt reumütig wieder zum Sparbuch zurück. Hier fehlt die Anlagedisziplin, die er nie lernte. Wann auch? Wer mit Aktienfonds Erfolg haben will, ist aufgefordert hartnäckig, zäh und geduldig zu sein.

Der **Taktiker** hat schon einige Erfahrungen mit Aktien oder mit Fonds gemacht. Er glaubt, dass ihm sein Timing für den Zeitpunkt des „besten Einstiegs" zur schnellstmöglichen Rendite verhilft. Er glaubt, schlauer zu sein als die anderen. Leider zahlt auch der Taktiker in den meisten Fällen seine Zeche dafür. Der bestmögliche Zeitpunkt ist immer jetzt, denn bei einem Engagement über fünf oder zehn Jahre relativiert sich das Risiko/Rendite-Verhältnis komplett. Auch der Taktiker ist mit seiner Geduld oft überfordert. Er glaubt, besser als der Markt sein zu können und versucht sogar durch Switchen in andere, vermeintlich „bessere" Märkte mehr Rendite herauszuholen. Ständiges Wälzen der Wirtschaftspresse und Vergleiche der Fondshitlisten stressen diesen Anlegertypus zudem. In den vergangenen 50 Jahren hat sich gezeigt, dass der Anleger durch Agieren oder Reagieren auf wirtschaftspolitische Umstände sein eigenes Depot mehr beschädigt hat als die Ereignisse selbst. Die Summe der weltweiten politischen Einflussgrößen kann von heute auf morgen ganze Märkte destabilisieren. Kein Anleger, Fondsmanager oder Taktiker kann ernsthaft behaupten, diese immer wiederkehrenden Ereignisse qualifiziert und überschaubar beurteilen zu können.

„Trennen Sie Ihr Geld von Ihren Emotionen, bevor Ihre Emotionen Sie von Ihrem Geld trennen."

Dem **Konservativen** ist der Spatz in der Hand lieber als die Taube auf dem Dach. Er versucht durch eine Mischung aus Aktien, Renten und Geldmarktpapieren auch bei mittel- bis langfristigen Laufzeiten eine attraktive Rendite zu erzielen. Eigentlich benötigt er sein angelegtes Geld in den nächsten fünf Jahren nicht, dennoch versucht er, durch Mischen seiner Anlage die Verfügbarkeit im „Notfall" nicht der ausgesetzten Rendite opfern zu müssen. Oft liebäugelt er auch mit so genannten „Garantiefonds". Diese sind nichts anderes als ein Marketinginstrument, bei dem der Anleger auch noch draufzahlt. Denn eine vermeintlich garantierte Rendite kann nur gewährleistet werden, wenn man dieses bezahlt. Auch wird der Konservative feststellen, dass bei genauerer Belichtung seiner Nachsteuerrendite durch Geldmarktpapiere oder auch Rentenwerte die Erträge „steuerpflichtig" sind und somit den gesamten Wertzuwachs mindern. Dieser Anleger verschenkt oft Wertzuwachs, da auch er seinem Anlagehorizont, den er selbst durch Streuung seiner Anlage gewählt hat, nicht treu bleibt. Kaum ein Investor kann sich an seine eigenen gesteckten Anlageziele erinnern, wenn die Kanonen donnern und die Kurse korrigieren.

Beim **Profi** handelt es sich um einen wirklich seltenen Anlegertypus. Er genießt meist eine qualifizierte Beratung, anstatt sich in einer Hausse einen gerade angesagten Markt verkaufen zu lassen. Indem er sich vom Berater seine Vermögensaufstellung erarbeiten lässt, Punkte wie Anlageschwerpunkte, Laufzeit, Risikoneigung, Anlagebetrag und persönliche Disposition genau überlegt, wird er auch die Volatilität seines Engagements überleben. Er investiert in den mit dem Berater festgelegten Fonds oder das Depot und beherzigt die wichtigsten Regeln des Anlegers in Aktienfonds:

- Er ignoriert die Zeitungsberichte, Hitlisten und Marketingkampagnen aus Wirtschaft und Börse. Er weiß, dass nur Profis die Berichterstattung der Weltwirtschaft vernünftig bewerten. Hierfür hat er den Fondsmanager seiner Investmentgesellschaft, der dafür sorgt, dass die Wertzuwächse stetig realisiert werden.

- Der Profi verfolgt auch nicht permanent die Kurse, um Bilanz zu ziehen, um festzustellen, ob man Gewinn oder Verlust erzielt hat.

- Er bleibt vielmehr hartnäckig, zäh und geduldig. Er sitzt sein Engagement an seinem Aktienfonds intelligent aus und bleibt seinem Anlagehorizont treu – mindestens fünf bis zehn Jahre.

Der Profi tut letztendlich etwas ganz Entscheidendes, was für den Erfolg seines Aktieninvestmentfonds von Bedeutung ist. Er lässt sich nicht von Emotionen leiten und bleibt seinem Anlagehorizont und den sich selbst gesetzten Fristen treu! Ihn kann man nicht motivieren oder manipulieren.

Die Europäer brauchen Aktienfonds und werden zunehmend dieses Instrument in ihre Anlagementalität integrieren. Dennoch wird es Anleger geben, die die Regeln verstanden haben, und wiederum andere, die es ja ohnehin besser wissen. Und trotzdem geht es weiter, für die Unerfahrenen und auch für die Einsichtigen. Der kleine Unterschied besteht darin, dass die Disziplinierten und Wissenden ein sicherlich erlebnisreicheres Leben erleben und wirtschaftlich anders dastehen werden. Denn einer der Wissen hat, kann nicht benutzt werden, denn er weiß ja.

2.3 Geldtypen

Der Habsüchtige ist von den vielfältigen und lustvollen Verwendungsmöglichkeiten des Geldes fasziniert. Während nämlich das, was wir für unseren Alltag benötigen, stets begrenzt bleibt – niemand kann an einem Tage zweimal zu Abend essen –, ist der subjektive Bedarf an Luxusgütern unbegrenzt. Keineswegs ist der Habgierige ein schlechter oder bösartiger Mensch. Obgleich es ihm in allen Lebensbezügen primär um Aneignung und um Erwerb geht und er dabei „rücksichtslos" bis gewalttätig gegen andere, selbst Nahestehende, vorgeht, steht er selbst unter schwerem Druck. Tatsächlich befindet er sich in einer inneren Notlage in wichtigen Bereichen seiner Lebensentfaltung in Bezug auf Anerkennung, Geltung und Liebe. Es handelt sich um eine Persönlichkeit, die immer wieder enttäuscht worden ist, wenn es um Bestätigung ging. Und irgendwann gelingt es ihr dann überraschend, etwas wirklich Gutes und Wertvolles zu erwerben. Die hierbei gewonnene Befriedigung war ungewohnt intensiv. Befriedigung des Habenwollens wird damit als eine Kompensation für alle Lebensmängel entdeckt und ermöglicht es dem Betreffenden in der Folge, sich von seinen unbefriedigten Wünschen nach Geltung, Anerkennung und Liebe zu distanzieren. Zwanghaftes Zupacken und Habenwollen wird zum Motor seiner gesamten Aktivität. Die Befriedigung des Habenwollens wird zur Gewohnheit, ja sie kann sogar unbeherrschbar werden. Das Wort Habsucht zeigt, wie das Streben nach Geld und Besitz süchtig und krank macht. Alle anderen Formen des Handelns und Erlebens treten im Laufe der Zeit zurück. Nur der Erwerb von Geld und Besitz „funktioniert" weiterhin als Kompensation für die zentralen Lebensdefizite. Man will wenigstens Macht und Geld. Ein Stück Tragik im Leben des Habsüchtigen ist es, dass er das, was ihm ursprünglich wichtig war und was er leidvoll entbehrt, schließlich nicht mehr erkennen und auch nicht mehr annehmen kann, wenn es sich ihm endlich zu Füßen wälzt.

Der Geizige scheint seinen Besitz und sein Geld so zu lieben, dass er nichts davon herzugeben vermag. Er verzichtet darauf, Geld für irgendeine Form persönlicher Befriedigung zu verwenden. Von außen scheint es, als habe der Geizige Freude an seinem Besitz. Tatsächlich ist die Freude aber jedoch gering, weil im Lebensgefühl des Geizigen stets die Sorge dominiert. Viele seiner Erfahrungen drängen ihn immer wieder zu einem defensiven Verhalten, zu einer Rundum-Verteidigung gegen alle Formen von Ungewissheit und möglicher Bedrohung. Es ist gut und richtig, sparsam zu sein und nicht alles auszugeben, was man einnimmt. Ein solches „gesundes" Sparen ist ein Zeichen der Bejahung der eigenen Zukunft und des eigenen Lebens. Der Geizige aber glaubt, dass bares Geld in dieser Welt, in der man sich weder selbst und seinem Können noch der Anständigkeit und Zuverlässigkeit anderer trauen kann, das einzig Vertrauenswürdige sei.

Es scheint, als sei **dem Verschwender** die Kraft verloren gegangen, etwas für sich zu behalten. Dieser Typ ist jemand, der eigenes, gelegentlich auch fremdes Geld ausgibt, ohne auf den Gegenwert zu achten. Da Geld für den Verschwender immer nur für den Augenblick wichtig ist, scheint es ihm unmoralisch, den Wert des Geldes hoch einzuschätzen. Unvermeidlich kommt der Verschwender in Schwierigkeiten. Ihm geht das Geld aus, er macht Schulden und er verliert endlich seinen Status und seine soziale Verankerung. Aber gerade dieses will der Verschwender. Er baut sich eine Situation der Mittellosigkeit und Hilflosigkeit auf, um auf diese Weise erleben zu können, dass man ihn schont oder ihm gar hilft, ohne dass er noch in der Lage ist „dafür" zu bezahlen.

Für den **Glücksspieler** repräsentiert Geld einen sehr hohen Wert. Dies allerdings nur, sobald es spielend gewonnen, nicht jedoch erarbeitet oder erspart wird. Dem Glücksspieler verwandt ist der Spekulant. Auch ihm geht es um raschen und mühelosen Erwerb. Seine Kühnheit und Entschlossenheit berechtigen ihn – wie er meint – zur sicheren Erwartung rascher und großer Gewinne. Vielfach verfügt der **Spekulant** jedoch weder über genug Erfahrung noch genug Kapital, um an der Börse, vielleicht gar im Optionshandel oder im Warentermingeschäft, erfolgreich anzutreten. Sein Selbstvertrauen ist so groß, dass er Aktien während einer „Hausse" mit geliehenem Geld kauft. Risiko ist für den Glücksspieler zu einer unverzichtbaren Droge geworden. Unabhängig davon, wie groß der Betrag ist, wird er gleichgültig behandelt und so lange aufs Spiel gesetzt, bis er wieder verloren geht. Verantwortlich für dieses Verhalten ist die Tatsache, dass beim Spieler oder Spekulanten selbst alle Möglichkeiten der Aktivität und Daseinserfüllung fade und interessenlos geworden sind.

Beim **normal Wohlhabenden** handelt es sich mehrheitlich um praktische, nüchterne und fleißige Menschen, die wissen, dass zum Aufbau eines Vermögens vor allem Stetigkeit, Planmäßigkeit und Vorsicht gehören. Sparsamkeit, stetiges Investment und eine kluge Anlagestrategie sind Grundlage für den Aufbau eines Vermögens. Wie sieht eigentlich in der heutigen Zeit ein lebensgerechter Umgang mit Geld aus?

- Die Wichtigkeit von Geld wird anerkannt. Es dient zur Herstellung einer Lebenssituation, in der man sich wohlfühlt, und sichert einen Lebensstandard, der mehr zu bieten vermag als den „bloßen" Lebensunterhalt.

- Das Engagement für Geld bleibt begrenzt. Man ist bereit, auch einmal hart und ausdauernd zu arbeiten, aber man will sich keinem jahrelangen Stress aussetzen. Gesundheit, das Zusammenleben in der Familie und mit Freunden, die freie Zeit und auch die Selbstachtung sollen keineswegs dem Erwerb geopfert werden.

- Vernünftigerweise wird ein Teil des Einkommens gespart, um Ziele verwirklichen zu können, die jenseits des Monatsgehaltes liegen. Und in begrenztem Umfang wird auch eine individuelle Daseinsvorsorge aufgebaut.

- Das Geld, das man verdient, und auch das, was man gespart hat, wird möglichst auf eine persönliche Weise verwendet und soll helfen, bisher „ungelebtes Leben" zu realisieren.

- Ein bestimmtes Maß an Daseinsvorsorge und an Kapitalinvestition wird verstanden als persönliche Bejahung der Zukunft und auch als ein Ausdruck von Selbstachtung.

2.4 Vermögensbildung mit Fonds

Warum keine festverzinslichen Papiere? Viele Investoren haben eine Scheu vor Aktien. Aus falschen Sicherheitsgründen bevorzugen sie Festgeld und festverzinsliche Wertpapiere. Hier steht jedoch nur eines „fest", nämlich dass sich ein Vermögen nicht bilden lässt. Abzüglich der zu entrichtenden Steuern und der am Geldwert nagenden Inflation (seit 50 Jahren im Schnitt drei Prozent), bleibt bestenfalls der Wert erhalten.

Warum Sachwert und kein Geldwert? Sachwerte haben in den vergangenen hundert Jahren Rezessionen, Inflationen und andere Wirtschaftseinbrüche immer überstanden. Auch nach einer entsprechenden Rezession haben Anteile an Unternehmen (Aktien) ihren Substanzwert gehalten. Eine Beteiligung am Produktivkapital ist die Grundlage für Vermögensbildung. Das investierte Geld arbeitet unternehmerisch unter einem effizienten Management mit motivierten Mitarbeitern in wachstumsorientierten Märkten mit zukunftsorientierten Produkten.

Warum keine Einzelaktien? Ein Investment in Einzelaktien ist sehr riskant. Der Einzelaktionär hat nicht die Möglichkeit, eine echte Risikostreuung zu erreichen. Mit der Bewertung einzelner Aktientitel oder einer Substanzwertanalyse ist der Einzelaktionär hoffnungslos überfordert. Eine Analyse der Aktie zur Findung des tatsächlichen „wahren" Wertes ist für ihn nicht durchführbar.

Warum Aktienfonds? In Aktienfonds wird, ähnlich einer Versicherung, das Wertschwankungsrisiko durch Beteiligungen an Hunderten von Einzeltiteln deutlich reduziert. Der Investor erhält für den Ausgabeaufschlag ein professionelles Vermögensmanagement, das sich ausschließlich mit der Auswahl von Aktien und dem Fondsmanagement beschäftigt. Er erzielt Erträge aus Kursgewinnen und Dividenden. Der Ertrag besteht bei Aktienfonds überwiegend aus Kursgewinnen, und dieser ist nach sechs Monaten steuerbefreit. Der Investor kann uneingeschränkt über sein Geld verfügen und ist somit liquide und flexibel. Weiterhin hat er im Vergleich zum Ertrag niedrige Kosten.

Inländische Aktienfonds? Diese Fonds zählen im internationalen Vergleich leider zu den Schlusslichtern der Renditeskala. Die Gründe: Großbanken besitzen ihre eigenen Fondsgesellschaften und vertreiben die hauseigenen Produkte. Unter den deutschen Fondsgesellschaften herrscht kein ernsthafter Wettbewerb. Hausinterne Interessenkonflikte bestimmen das Bild. Industriebeteiligungen der Banken von mehr als zehn Prozent sind keine Seltenheit. Diese „Muttergesellschaften" können unwillkommene Aktien aus dem eigenen Bestand auf die Fonds abschieben. Fondsmanager werden meistens nicht leistungsorientiert entlohnt. Ferner werden von Frankfurt aus Aktien in Wachstumsmärkten wie Südostasien oder Südamerika gekauft. Hier lauern Gefahren, da eine Bewertung vor Ort zum „wahren" Wert kaum möglich ist. Gebühren, welche durch das Handeln der Papiere anfallen, werden von der Bank kassiert und in der Regel dem Investor willkürlich belastet.

Warum ausländische Aktienfonds? Internationale Gesellschaften haben derartige Interessenkonflikte nicht. Sie konzentrieren sich auf das Kerngeschäft Investmentmanagement. Eine Anbindung an eine Bank gibt es nicht. Diese Gesellschaften sind unabhängig und frei von Interessenszwängen. Sie führen weltweit Finanz- und Unternehmensanalysen durch. Dabei stehen sie untereinander in einem harten, internationalen Wettbewerb. Die Fondsmanager werden leistungsorientiert entlohnt und die Performance der gemanagten Fonds wird fortlaufend beobachtet. Diese Fondsgesellschaften haben ihre Analysten vor Ort und prüfen im Direktkontakt die Gesellschaften, in die der Fonds investiert ist oder investieren wird.

Fazit: Die großen ausländischen Fonds (meistens mit Europasitz in Luxemburg oder Dublin) bieten Renditen, die weitaus höher sind als bei vergleichbaren inländischen Fonds. Auch können sie auf eine über 50-jährige Erfahrung und Historie zurückblicken.

Was können Aktienfonds erwirtschaften? Fonds eignen sich in erster Linie für Langzeitinvestments von mindestens fünf bis zehn Jahren. Beachten Sie die Möglichkeit, monatliche Einzahlungen ohne Laufzeitbindung vorzunehmen. Eine Sparrate von 100 Euro monatlich ergibt bei einer Jahresdurchschnittsrendite von circa 14 Prozent, wie sie von konservativ anlegenden Fonds seit über 40 Jahren erzielt wird, nach zehn Jahren ein Vermögen von etwa 260.000 Euro. Achten Sie darauf, dass der Fonds in dem gewünschten Markt „voll in Spezial- und Nebenwerte investiert" ist. Hier ergeben sich für den Investor wertvolle steuerliche Vorteile.

Sind ausländische Fondsgesellschaften sicher? Die unter SICAV (Société d'Investissement à Capital Variable) in Luxemburg und in Dublin unter UCITS (Undertaking of Collective Investments in transferable Securities) zugelassenen Gesellschaften haben eine Vertriebszulassung vom BAK (Bundesaufsichtsamt für das Kreditwesen) für den deutschen Markt. Überdies stehen die großen Ausländer unter der Kontrolle der SEC (Security Exchange Comission). Wie jede börsennotierte Aktiengesellschaft stellen die Fondsgesellschaften ihren Anteilseignern jährlich einen von Wirtschaftsprüfern testierten Jahresbericht zu. Die Anlagewährungen auf internationalem Parkett sind zumeist der US-Dollar und der Euro.

Gefahren beim Investment in Aktienfonds? Auf diese Frage gibt es nur eine Antwort: „Ja, der Investor selbst." Um erfolgreich in Aktieninvestmentfonds zu investieren, ist die Einhaltung folgender Empfehlungen dringend angeraten:

1. Ignorieren Sie Zeitungsberichte jeder Art aus Wirtschaft und Börse. Nur Profis können die Berichterstattung der Weltwirtschaft vernünftig bewerten.

2. Auf keinen Fall die Kurse ununterbrochen verfolgen und permanent Bilanz machen, um festzustellen, ob man Gewinn oder Verlust erzielt hat.

3. Bleiben Sie hartnäckig, zäh und geduldig; bleiben Sie Ihrem Anlagehorizont treu (Mindestanlagezeitraum fünf bis zehn Jahre).

4. Vertrauen Sie auf das solide Management einer Investmentgesellschaft, die schon Jahrzehnte nachweislich erfolgreich tätig ist.

5. Trennen Sie Ihre Emotionen von Ihrem Geld, bevor Ihre Emotionen Sie von Ihrem Geld trennen!

In Ihrem Beruf wollen Sie gut verdienen! Warum nicht beim Sparen? Beginnen Sie mit dem Sparen in Aktienfonds, denn wie Ihre Finanzen morgen aussehen, entscheiden Sie heute. Lassen Sie sich von einem qualifizierten Finanzberater zum Thema Investmentfonds aufklären. Sie werden sehen: Mit dem richtigen Verständnis machen Investments in Aktienfonds richtig Spaß!

2.5 Ihr Weg zur finanziellen Freiheit

Geld ist begehrt, weil es Wünsche erfüllen kann: das Verlangen nach den Annehmlichkeiten im Hier und Jetzt – oder die Verwirklichung großer Lebensziele in ferner Zukunft.

Die finanzielle Unabhängigkeit ist dann erreicht, wenn man die Freiheit besitzt, sein Leben so zu leben, wie es gelebt werden will, und nicht aus der Notwendigkeit heraus, genügend Geld verdienen zu müssen, damit man die Rechnungen für den nächsten Monat bezahlen kann. Finanzielle Freiheit bedeutet einen Überfluss an Geld bis zu dem Grad, dass dieses nicht länger Thema im Leben ist. Die Freiheit zu haben, dahin gehen zu können, wohin, wann und wie man will.

Reichtum in diesem Kontext ist kein erstrebenswertes Ziel. Vielmehr die finanzielle Freiheit, die als Folge des Reichtums erschlossen wird, hat derart angenehme Effekte, dass es sich lohnt, dem Aufbau des dazu erforderlichen Vermögens eine entsprechende Priorität einzuräumen. Das demoskopische Institut in Allensbach hat ermittelt, dass permanente Geldsorgen die Hauptursache dafür sind, dass etwa 75 Prozent der Menschen von sich behaupten, nicht glücklich zu sein. Hieraus lässt sich natürlich nicht ableiten, dass alle wohlhabenden Menschen glücklich sind. Die Sorgen, die sich mit dem Thema Geld zum Ausdruck bringen, sind aber das größte Hindernis, wenn es darum geht, ein glückliches Leben zu führen. Insofern liegt es nahe, sich mit der Beseitigung dieses Hindernisses zu beschäftigen.

Wenn Sie diese Zeilen lesen, haben Sie immer die Möglichkeit etwas zu tun oder es zu lassen. Wenn Sie es lassen, wird alles so bleiben, wie es ist. Das kann durchaus in Ordnung sein für Ihre Lebensauffassung. Wenn Sie es allerdings tun, wird sich etwas verändern und das ist es, was das Leben ausmacht – Veränderung.

Es wird Ihnen gelingen in zehn bis zwanzig Jahren ein Vermögen aufzubauen, welches ausreichen wird, um von den Erträgen leben zu können. Dieses können Sie erreichen, wenn Sie ab sofort die empfohlenen Maßnahmen ergreifen. Mit sofort ist übrigens nicht nächste Woche, nächsten Monat oder nächstes Jahr gemeint, sondern heute!

1. Richten Sie ein separates Vermögensaufbaukonto ein. Getrennt von Ihrem Girokonto oder anderen Konten, die Sie unterhalten. Überweisen Sie jeden Monat zehn Prozent Ihres Nettogehaltes auf dieses gesonderte Konto.
2. Wenn sich Ihre Lebensumstände verändern und Sie dadurch Ihr Einkommen oder den Gewinn erhöhen (aufgrund einer Gehaltserhöhung oder steigender Umsätze), überweisen Sie von dem Erhöhungsbetrag 50 Prozent auf das Vermögensaufbaukonto.
3. Das Vermögensaufbaukonto dürfen Sie niemals für private Zwecke in Anspruch nehmen. Dieses Konto ist Ihre Gans, die fortwährend die goldenen Eier legt, die Sie in der Zukunft brauchen. Wenn Sie diese Gans schlachten, werden Sie Ihr Ziel, die finanzielle Unabhängigkeit, niemals erreichen.
4. Dieses Vermögensaufbaukonto sollte so geführt werden, dass es im langfristigen Durchschnitt etwa zwölf Prozent Wertzuwachs nach Steuern erwirtschaftet. Bei einem Wertzuwachs von zwölf Prozent verdoppelt sich Ihr Vermögen alle sechs Jahre.

Nachstehend genannte Anlagen eignen sich dafür besonders:

- Arbeitnehmer mit einem zu versteuernden Einkommen bis 18.000 Euro einen Wertpapier-Sparvertrag mit Sparzulagen.
- Arbeitnehmer sollten eine fondsgebundene Lebensversicherung als Direktversicherung einrichten.
- Jeder Anleger muss ein Aktiendepot oder Aktieninvestmentfonds einrichten.

Einen Wertzuwachs von zwölf Prozent pro Jahr nach Steuern erreichen Sie natürlich nicht durch Einzahlungen auf dem Sparkonto, durch den Kauf von Bundesschatzbriefen oder Anleihen. Auch Einzahlungen in eine Lebensversicherung werden Ihnen die finanzielle Unabhängigkeit nicht näher bringen. Sie müssen schon bereit sein, Instrumente zu wählen, die auch ein kleines Risiko mit sich bringen auf dem Weg in Ihre finanzielle Freiheit.

Ihr Vermögen wächst schnell, wenn Sie die vorstehend genannten vier Punkte befolgen. Ein regelmäßiger Sparbetrag von 1.000 Euro pro Monat mit zwölf Prozent Wertzuwachs nach Steuern ergibt ein Vermögen wie folgt:

nach 5 Jahren	78.500 Euro
nach 10 Jahren	214.580 Euro
nach 15 Jahren	454.390 Euro
nach 20 Jahren	877.860 Euro
nach 25 Jahren	1 621.860 Euro
nach 30 Jahren	2 934.510 Euro

Wenn Sie Ihren Betrag, den Sie monatlich sparen können, mit diesen Zahlen vergleichen, erkennen Sie, wie viele Jahre Sie benötigen, um Ihre „finanzielle Unabhängigkeit" zu erreichen.

Die Definition der finanziellen Freiheit ist eine sehr persönliche Angelegenheit. Dennoch sollten wir erkennen, dass diese Freiheit im weitesten Sinne erreicht ist, wenn Sie von den Früchten Ihres Vermögens leben können. Ihrer Arbeit gehen Sie dann nur noch aus Freude nach und nicht um Ihren Lebensunterhalt „verdienen" zu müssen.

Ihr Ziel ist es, die finanzielle Freiheit zu erreichen. Also einen Aufbau des Vermögens voranzutreiben, dessen Erträge für Ihren Lebensunterhalt ausreichen. Das notwendige Vermögen ist das Hundertfünfzigfache des Monatsbedarfs, das heißt 150.000 Euro Vermögen je 1.000 Euro Lebenshaltungskosten pro Monat.

Der Weg: Verwenden Sie jeden Monat zehn Prozent Ihres Nettoeinkommens für den Vermögensaufbau!

1. Investieren Sie nur in Anlagen, die sie verstehen.
2. Halten Sie Ihre Finanzen und Depots übersichtlich und einfach.
3. Ziehen Sie einmal im Jahr Bilanz mit Ihrem Berater.
4. Schlachten Sie niemals die Gans, die goldene Eier legt.
5. Seien Sie kritisch, aber seien sie auch offen für neue Produkte.
6. Seien Sie nicht zu gierig, bleiben sie bescheiden und kontinuierlich.
7. Wenn Sie Spaß am Aktienhandel haben, nehmen sie 10 Prozent Ihres Portfolios als Spielgeld – dann bekommen sie 90 Prozent des Spaßes für nur 10 Prozent des Risikos.

Was brauchen sie eigentlich ?
- ein Girokonto bei einer preiswerten Bank oder Sparkasse
- ein Vermögensaufbaukonto bei einer Kapitalanlagegesellschaft
- einen Versicherungsmakler, der unabhängig ist
- einen Finanzberater, der sie ggf. gegen Honorar vollhaftend berät
- einen Steuerberater/Wirtschaftsprüfer, der auf „zack" ist
- eine Kreditkarte (Master Card für Europa)
- einen Internetanschluss zu Hause (Online Banking)
- einen Broker (Online), sofern sie Aktien handeln

2.6 Ein Streifzug durch die Fondslandschaft

Aktienfonds – einige Kategorien

Kriterien	global	regional	national
Volkswirtschaft			
Industrie aktiv geführt	ACM	GAM	Putnam
indexorientiert		CB Asia Basket	CB Canada Basekt
Emerging Markes			Templeton Korean
Börsenkapitalisierung			
Blue Chips	DWS Top 50 Welt	DWS Top 50 Europa	DWS Deutschland
Mid Caps		Parvest Europe MC	Alger Fund-MidCap
Small Caps	Templeton Global SC	Temp GS Asian SC	SMH Small Cap
Spezialitäten			
Branchen	DIT-Multimedia	Fidelity	
Themen	Young World	Pictet	

Ausgangslage bei jedem Investment in Aktienfonds mit Ausrichtung auf die unterschiedlichen Weltmärkte ist die Unterscheidung und das Verständnis der Märkte. Unterschieden werden grundsätzlich Investmentfonds mit diversen Investitionsausrichtungen. Die internationalen Fonds, die Hauptmarktfonds, die Länderfonds, die Mischfonds und die Spezial- oder Branchenfonds. Gemanagte Depots sind ebenfalls eine Alternative.

Entscheidend ist, welches Land das kulturelle Bewusstsein zum Thema Aktie oder auch Investmentfonds bereits entwickelt hat. In den USA oder England ist dieses Bewusstsein sehr stark ausgeprägt. Der Investor kauft „antizyklisch" durch gute Beratung und auch eigene Disziplin. In Deutschland steckt dieses mentale Entwicklungsbewusstsein noch in den Kinderschuhen. Des Weiteren sollten die weltweit tätigen Spekulanten nicht unterschätzt werden. Sie haben Einfluss auf etwa 50 Prozent des Börsengeschehens in den unterschiedlichen Märkten. Zu diesen Spekulanten gehören große Institutionen, die gezielt ihre Marketing- und Medieninstrumente einsetzen, um die Kurse zu beeinflussen. Dieser Faktor wird von den meisten Menschen völlig unterschätzt. An diesen und anderen Gesetzen der Märkte orientieren sich selbstverständlich die Investmentgesellschaften, denn das Kaufen und Verkaufen von Aktien in Märkten, deren Anlagedisziplin entwickelt ist, hat auch für die Fondsgesellschaft unbedingt Vorteile. Generell sind die Währungen Ausgangslage für wirtschaftliche Zusammenhänge an den Weltmärkten – der US-Dollar als anerkannteste Weltwährung, gefolgt vom Japanischen Yen. Als dritte große Währung ist der Euro zu nennen.

International Funds

Die International Funds investieren generell in die Weltmärkte bzw. deren attraktivste Länder, als da wären die USA, Japan, England, Deutschland, Frankreich, Italien, Niederlande, Spanien, Skandinavien, Schweden und die Schweiz. Der International Fund verfügt über Beteiligungen an allen wichtigen Börsen der Welt. Diese Gewichtung kann und wird je nach Gesellschaft unterschiedlicher Natur sein und entsprechend der Kompetenz der Investmentgesellschaft vorgenommen. Dieser Fund sollte als Grundlage eines jeden Investments mit einbezogen werden. Er stabilisiert die Volatilität und gewährleistet für einen langfristigen Anlagehorizont solide Wertzuwächse.

Hauptmarktfonds

Fonds können sich auf einen oder mehrere Hauptmärkte ausrichten. Hauptmärkte sind die USA, Europa, Südostasien, Japan, Lateinamerika und die Emerging Markets. Die USA repräsentieren mit einem Anteil von über 49 Prozent vom Weltmarkt den größten und somit wichtigsten Markt. Ein weiterer Hauptmarkt ist Japan mit immerhin zehn Prozent des Weltmarktes. Großbritannien besitzt mit etwa zehn Prozent der WBK (Weltbörsenkapitalisierung) ein ähnliches Gewicht. Wichtig ist es, das grundsätzliche Verständnis und den Ansatz der Investmentgesellschaft zu verstehen. Werden Standardwerte gekauft? Wird in kleine oder mittlere Unternehmen investiert? Wie hoch ist der Anteil von Barmitteln des Fonds? Diese Fragen haben auch unmittelbaren Einfluss auf die für den deutschen Investor steuerpflichtigen Erträge.

Länderfonds

Ein Fonds kann außerdem ein bestimmtes Land im Fokus haben und in die unterschiedlichen Branchen in dieser Volkswirtschaft investieren: Banken, Baustoffe, Chemie, Brauereien, Maschinenbau, Lebensmittel, Pharma, Transport, Tabak, Dienstleistungen, Energie usw., um einige zu nennen. England ist ein favorisiertes Land für Länderfonds, weitere Staaten sind die Schweiz, Frankreich, Norwegen, Österreich, Thailand, Indien oder Hongkong und China. Hierbei ist unbedingt auf die WBK des Landes zu achten. Die großen Risiken liegen in Ländern, die keine ausreichende Währungs- und Börsenstabilität haben. Thailand soll hier als Beispiel genannt sein. Länderfonds können unter Umständen stark von den ökonomischen Entwicklungen in anderen Staaten abhängig sein. Sowohl wirtschaftspolitische Hintergründe als auch Währungsabhängigkeiten, zum US-Dollar oder zum Yen, prägen das Bild.

Spezialfonds

Besondere Ausrichtung hat diese Fondskategorie. Unterschiedliche Ansätze und Kompetenzen kommen hier zum Ausdruck. Dieser Fonds investiert in Spezialbereiche wie beispielsweise die weltweit expandierende Telekommunikation und deren Gesellschaften. Oder das Selektieren der Bodenschätze in unterschiedlichen Ländern oder Regionen, beispielsweise Australien. Ebenso hat das Thema Health Care einen respektablen Anteil am Weltmarkt angenommen. Investitionen in derartige Spezialfonds sind ausschließlich erfahrenen Anlegern anzuraten.

Mischfonds

Mischfonds legen in unterschiedlichen Anlagebereichen an. Beispielsweise in Aktien ausgewählter französischer, deutscher und holländischer Gesellschaften. Mit unterschiedlichen Branchengewichtungen wie Finanzdienstleistungen, Staatsanleihen, Konsumgüter und Investitionsgüter. Ebenso werden diesen Mischfonds Rentenpapiere unterschiedlicher Länder als auch erhebliche Barmittel und Cash Anteile beigemischt. Ob ein Mischfonds ein geeignetes Instrument als Anlagealternative ist, muss in der individuellen Situation des Investors geklärt werden.

Das gemanagte Depot (Vermögensverwaltung)

Die Vermögensverwaltung ist eine attraktive Alternative zu Einmalanlagen in internationalen Märkten und Hauptmarktfonds. Eine solide Vermögensverwaltung vermag die Anlagebeträge in Hauptmärkte, Länder- und je nach Ausrichtung sogar in Spezial- oder Branchenfonds zu mischen. Dadurch wird eine noch breitere Streuung erreicht und das Risiko der Schwankung nochmals reduziert. Darüber hinaus fließen die tagesnahen Informationen der Manager in die Entscheidungen der Depots ein. Hierbei unterscheiden sich hauseigene Produkte der Anbieter von Fremdprodukten unterschiedlicher Gesellschaften. Generell ist auf die Kostenstruktur zu achten. Vergleiche der Wertentwicklungen der vergangenen Jahre sind empfehlenswert. Langfristige Daten über fünf Jahre hinaus sind schwer zu erhalten, da diese Form erst einige Jahre neu ist. Eine Vermögensverwaltung sollte nur unwesentlich kostenintensiver als das direkte Investment in Aktienfonds sein. Es empfiehlt sich zu vergleichen: Welche Fonds werden beigemischt? Wie verhält sich die Kostenstruktur? (Ausgabeaufschläge, Managementgebühren, Switching Fees etc.)

Wer gehört zu wem?

Fondsgesellschaft	KAG / Bank / Versicherung
1. ADIG	Commerzbank
2. AETNA	Aetna IUF
3. ACM	Allianz
4. Advance Bank	Dresdner Bank
5. ACTIVEST	HypoVereinsbank
6. BARING	Baring
7. BT Fonds	Bankers Trust
8. BERENBERG Fonds	Berenberg
9. BFG Fonds	Bank für Gemeinwirtschaft (BfG)
10. Carlson Fonds	CARLSON
11. Chase M. Vista	CHASE Manhatten Bank
12. Citi Fonds	Citibank
13. Credit Suisse Fonds	Credit Suisse
14. CICM	Commerzbank
15. Consors	Schmitt Bank
16. DB Fonds	Deutsche Bank
17. DEKA	Deka Int. Landesbanken (Sparkassen)
18. DIT	Dresdner Bank
19. Direkt Anlage Bank	Hypo-Vereinsbank
20. DVG Fonds	DVG
21. DWS	Deutsche Bank
22. ELFO Fonds	AXA Colonia Versicherung
23. FT	BHF Bank
24. Federated Investments	Federated LVM-Versicherung
25. Fidelity Fonds	Fidelity Investments S.A.
26. Fleming Fonds	Fleming
27. Franklin Templeton	Templeton
28. Frontrunner	Frontrunner
28. GAM Fonds	GAM (Global Asset Management)
29. GAMAX Fonds	Gamax Star Fund
30. GARTMORE	Gartmore

Fondsgesellschaft	KAG / Bank / Versicherung
31. Generalux	B.G.L.
32. GIF Fonds	Indocam
33. Goldman Sachs Funds	Goldman Sachs
34. GT Fonds	GT Global
35. INVESCO	Invesco
36. J. P. Morgen Funds	JPM
37. JB Funds	Julius Baer
38. LAZARD Funds	Lazard Brothers
39. Mercury Funds	Mercury
40. Merill Lynch Fonds	Merill Lynch
41. Metzler Fonds	Metzler
42. Morgan Stanley Fonds	Morgan Stanley
43. NESTOR Fonds	Nestor
44. Nordinvest Fonds	NORDINVEST
45. Oppenheim Fonds	OPPENHEIM
46. PARVEST Fonds	Parvest
47. Picet Fonds	Picet Gestion
48. Pioneer	Uni Credito Italiano
49. Postbank Fonds	Deutsche Postbank
50. RG Fonds	Robeco
51. Sarasin Fonds	Sarasin
52. SBC Fonds	SBC
53. Schmidt Fonds	Franken Invest
54. Schroders Fonds	SCHRODERS
55. UBS	Intrag Lux.
56. UNION	Union – Volks- und Raiffeisenbanken
57. Threadneedle	Threadneedle (Züricher Versicherung)
58. v. Ernst Fonds	Bank VON ERNST
59. Veri Fonds	Veritas
60. Vontobel Fonds	VONTOBEL
61. Walser Fonds	Trinkaus Lux.
62. Zürich Fonds	Zürich Invest.

Empfehlung

- Die Basis eines Investments ist der International oder Global Fund.
- Einmalanlagen unbedingt in internationale Fonds, Hauptmarktfonds oder gemanagte Depots (Dachfonds) investieren.
- Es bestehen hohe und versteckte Risiken bei Einmalanlagen in Länder- oder Spezialfonds.
- Sparpläne in Länder- oder Spezialfonds sind empfehlenswert wegen des Cost Average Effects.
- Bei Börsenhöchstständen nur 50 Prozent als Einmalanlage in Haupt- oder International Funds, weitere 50 Prozent als Sparpläne in dieselben Fonds aufteilen.
- Anlagehorizont unbedingt einhalten.
- Warum in risikohaften Märkten „blaue Augen" holen, wenn solide internationale oder gemanagte Vermögensverwaltungen und Depots solide Wertzuwächse ermöglichen?
- Mehr Fonds braucht kein Mensch! Verzichten Sie auf ein Fondswirrwarr und halten Sie Ihre Anlageentscheidungen überschaubar.
- Halten Sie ein bisschen Bargeld kurzfristig in Renten und langfristig in Aktienfonds oder in gemanagten Depots.
- Investieren Sie niemals in Fonds, die Sie nicht verstehen.

2.7 Fonds und ihre Preise

Dichtung und Wahrheit über Gebühren

No Load Fonds sind oft schlechter als Fonds mit Ausgabeaufschlag. Warum?

In den vergangenen Jahren hat sich Enormes getan. Die deutschen Sparer haben zwischen 1990 und 2001 sechsmal mehr Geld in Aktienfonds gezahlt als in den vorangegangenen 40 Jahren zuvor. Gar nicht auszudenken, welche Mittel die Erbengeneration in den vor uns liegenden vier Jahren (es werden immerhin Vermögen im Wert von etwa 2.400 Milliarden DM übertragen) anlegen wird. Volkswirtschaftlich ein enormer Fortschritt. Geld muss fließen, dann gesundet auch die Wirtschaft.

Mittlerweile zählen wir über 6.000 Fonds, welche in Europa dem Investor zugänglich sind. In Deutschland allein sind es bereits über 3.000 Fonds. Die Branche boomt. Zweifelsohne ist der Aktieninvestmentfonds nach den schlechten Erlebnissen der sechziger und siebziger Jahre salonfähig geworden. Nicht zuletzt haben das Bundesaufsichtsamt und die Kontrollorgane der Länder es geschafft, den Investor vor fragwürdigen Fonds weitestgehend zu schützen und Zulassungsrichtlinien eingerichtet.

Schon jetzt, viel zu früh, agieren die Banken mit Direktanlageangeboten oder Discount. Schade eigentlich, da der Investor wirklich Beratung braucht. Wie der amerikanische Fondsriese Fidelity richtig wirbt: „Beratung muss einfach sein." Für den Anleger, der sich auskennt, ist es schon in Ordnung, bei Selektion der Fonds auf Gebühren zu achten. Hierbei handelt es sich zur Zeit lediglich um etwa fünf Prozent der Anleger. 95 Prozent hingegen sind nicht darüber unterrichtet, wozu der Ausgabeaufschlag dient und was es mit der Managementgebühr auf sich hat. Hier liegen Dichtung und Wahrheit wieder weit auseinander. Diese essentiellen, detaillierten Informationen liefert der Discounter oder die direkte Anlage nicht.

Auch hat sich herausgestellt, dass der Anleger einen leichten psychologischen Druck braucht. Jemand, der heute einen Fonds ohne Gebühren kauft, ist leicht geneigt, diesen bei zunächst schlechter Entwicklung im ersten oder zweiten Jahr wieder zu verkaufen. Welch fataler

Fehler! Der Anleger, der die Gebühren bezahlt hat, wird länger dabei bleiben und auch belohnt werden. Schon John Marks Templeton Maxime besagt richtig: „Investmentfonds müssen intelligent ausgesessen werden."

Der zunächst billigere Fonds erweist sich zuletzt doch als ziemlich teuer. Warum? Der Hauptgrund liegt darin, dass der Kunde glaubt, ohne Beratung einen Fonds kaufen zu können und sich einbildet, er läge günstiger, wenn er diesen ohne Ausgabeaufschlag erwirbt. Bei genauerer Betrachtung stellen wir fest, dass die Kunden nicht rechnen können, da die grundlegenden Hintergrundinformationen fehlen. Ein Beispiel soll dieses verdeutlichen.

Herr Max erwirbt 1994 einen so genannten No Load (ohne Ausgabeaufschlag) Aktienfonds mit Anteilen in DAX-Werten. Das ist ja zur Zeit angesagt, da die Werbetrommel gut funktioniert und die Medien mit reißerischen Aussagen gefüllt sind. Diesen Fonds erwirbt er als Discount Fonds ohne Ausgabeaufschlag, ohne Beratung und Betreuung.

Die Werbung der Fondsgesellschaft hat ihm signalisiert, dass er auch so genannte DAX-Werte kaufen kann, ohne Gebühren. Ja, sogar internationale Standardwerte in Investmentfonds kann man heute ohne Ausgabeaufschlag erwerben. Die anfallenden Gebühren belaufen sich bei einem Anlagebetrag von 100.000 Euro und einem Ausgabeaufschlag von fünf Prozent immerhin auf 5.000 Euro für die Urlaubskasse, denkt sich Herr Max. Aus den investierten 100.000 Euro wurden bis 1997 immerhin stolze 140.000 Euro, Rendite etwa zwölf Prozent pro Jahr. Kein Wunder, denn es waren gute Börsenjahre.

In guten Zeiten steigen sowohl gute als auch schlechte Aktien. Ebenso fallen in schlechten Zeiten gute wie auch schlechte Papiere.

Enthalten sind neben den Kursgewinnen, die steuerfrei zu vereinnahmen sind, ebenfalls Dividenden und Zinserträge. Allerdings sind diese steuerpflichtig, da es sich um Standardwerte großer Gesellschaften handelt, welche im Fondsportfolio enthalten sind. Diese liegen, je nach Auswahl, bei etwa fünf Prozent der Erträge, also circa 2.000 Euro. Dieses ist zu berücksichtigen und führt zu einer Reduzierung der Rendite. 138.000 Euro hat Herr Max jetzt auf seinem Investmentkonto.

Parallel hat Herr Paul 1994 ebenfalls 100.000 Euro in einen internationalen Aktienfonds mit Spezial- und Nebenwerten kleiner Aktiengesellschaften investiert. Herr Paul hat sich beraten lassen und weiß, dass die fünf Prozent Gebühren gut investiert sind, denn einen wirklich guten Fonds gibt es nicht ohne Gebühren. Diese sollen die Beratung teilweise abdecken. Seine Berechnung sieht folgendermaßen aus: 100.000 Euro abzüglich fünf Prozent Ausgabeaufschlag werden 95.000 Euro zur Anlage kommen. Spezial- und Nebenwerte internationaler Aktien haben im gleichen Anlagezeitraum etwa 18 Prozent pro Jahr Wertzuwachs erwirtschaftet. Spezial- und Nebenwerte laufen in prosperierenden Märkten oft besser als Standardwerte, da diese bei natürlich auftretenden Schwankungen nicht der Schwerfälligkeit ihrer großen Aktienkollegen unterworfen sind.

Weiterhin hat Herr Paul kaum bzw. keine Dividenden und keine Zinserträge, welche steuerpflichtig anfielen, wie Herr Max. Insofern diese doch in geringem Umfang anfallen, dürfen auch diese mit der Managementgebühr, welche zwischen 0,6 und 1,5 Prozent liegt, verrechnet werden. Und siehe da, Herr Paul kommt sogar auf ein negatives Ertragsergebnis in der Besteuerungsgrundlage. Er weiß, dass Standardwerte steuerlich ungünstiger sind, da Dividenden und Zinserträge in größerem Maße anfallen.

Deshalb hat er auf Spezial- und Nebenwerte kleinerer Aktiengesellschaften gesetzt, die kaum oder keine derartigen Erträge ausschütten. Das erfährt man nur über einen erfahrenen Berater. Sein Depotwert beläuft sich daher auf 156.000 Euro. Gegenüber Herrn Max mit 138.000 Euro hat Herr Paul etwa 18.000 Euro mehr auf seinem Urlaubskonto, trotz des Ausgabeaufschlages von 5.000 Euro. Bei einer Fondsanlage über fünf oder zehn Jahre reduziert sich der Ausgabeaufschlag auf ein bzw. ein halbes Prozent pro Jahr, und die Erträge werden deutlich über denen der Standardwerte liegen. So ist es nun mal in Wachstumsmärkten wie zum Beispiel Südostasien. Leider wird diese Rechnung nicht aufgemacht und der Investor erliegt in den meisten Fällen den Marketingstrategien der Fondsgesellschaften. Fazit: Setzen Sie auf Spezial- und Nebenwerte der nachweislich soliden Fondsgesellschaften. Streuen Sie Ihre Anlagen und kaufen Sie nur Bewährtes. Und noch ein Tipp: „Never follow the crowd!"

Gute Gründe für Gebühren und Ausgabeaufschlag:
- jahrzehntelanges professionelles und erfolgreiches Fondsmanagement,
- Zugang zu den Weltmärkten durch Manager in den einzelnen Regionen,
- Fondsmanager und Analysten, die Kultur, Sprache und Entwicklungen verstehen und qualifiziert einschätzen können,
- Fondsmanager mit leistungsorientierter Bezahlung,
- regelmäßige Berichterstattung (keine Depot- oder Auszahlungsgebühren),
- verständliche und regelmäßige Depotauszüge,
- steuerliche Betrachtung des Investments (Erleichterung),
- Beratung, welcher Fonds für welchen Bedarf (durch den Berater) und weitergehende Betreuung,
- Vermittlung zur Fondsgesellschaft (durch den Berater und Vermittler),
- Aussicht und Sicherheit, dass die Erträge im vorgesehenen Anlagezeitraum auch erreicht werden.

Der reelle Preis

Es gibt kaum etwas auf dieser Welt, das nicht irgendjemand ein wenig schlechter machen und etwas billiger verkaufen könnte.

Es ist unklug, zu viel zu bezahlen. Aber es ist noch schlechter, zu wenig zu bezahlen. Wenn Sie wenig bezahlen, verlieren Sie manchmal alles, da der gekaufte Gegenstand die ihm zugedachte Aufgabe nicht erfüllen kann.

Das Gesetz der Wirtschaft verbietet es, für wenig Geld viel Wert zu erhalten.

*Nehmen Sie das niedrigste Angebot an, müssen Sie für das
Risiko, das Sie eingehen, etwas hinzurechnen.*

*Und wenn Sie das tun, dann haben Sie auch genug Geld,
um für etwas Besseres etwas mehr zu bezahlen.*

*Und die Menschen, die sich nur am Preis orientieren,
werden die gerechte Beute derartiger Machenschaften.*

John Ruskin (Englischer Sozialreformer 1819–1900)

Was darf es kosten? Eine interessante Frage, die sich jeder stellt, sobald der Wunsch sich aufdrängt zu kaufen. Bei allgemein gebräuchlichen Wirtschaftsgütern (Konsumartikeln) achten wir stets auf Angebote oder auf Ausverkäufe, um den einen oder anderen Euro zu sparen. Bei großen Dispositionen, wie dem Hauskauf oder der Altersversorgung, mangelt es an Kenntnissen. Bei Gebühren verhalten wir uns meist hilflos. Es lohnt sich wirklich, dies im Detail zu betrachten. Unter Umständen handelt es sich um Tausende von Mark, die Ihnen entgehen. Eines sollte klar sein: Das Gesetz der Wirtschaft verbietet es, für wenig Geld viel Wert zu erhalten.

Deutsche und internationale Fondsgesellschaften bieten ihre Fonds niemals kostenlos an. Ausgabeaufschläge, Managementgebühren, Depotgebühren, Ausschüttungen, Wiederanlagespesen und Switchgebühren bestimmen das Bild.

Der Ausgabeaufschlag (Load) liegt in der Regel für Aktienfonds bei fünf Prozent. Diese Gebühr ist angemessen. Hier spielt es keine Rolle, ob es sich um 4,99 oder 5,25 Prozent handelt. Die Aufschläge für Rentenfonds liegen in der Regel bis zu 3,5 Prozent pro Anteilskauf. Bei der Anlage von einem Einmalbetrag fallen diese Gebühren ebenso wie bei den monatlichen Sparplänen an. Sparer, die der Fondsgesellschaft langfristig treu bleiben, zahlen oftmals einen reduzierten Ausgabeaufschlag. Der Ausgabeaufschlag deckt zum Teil die Beratung und Vermittlung ab. Des Weiteren soll dieser Load einen Teil der Abwicklungskosten bei der Fondsgesellschaft abdecken. Gern schielt der Investor nach so genannten „No Load Funds" oder Discount Angeboten. Doch hier ist Vorsicht geboten!

Es ist unklug, zu viel zu bezahlen. Aber es ist noch schlechter, zu wenig zu bezahlen. Wenn Sie wenig bezahlen, verlieren sie manchmal alles, da der gekaufte Fonds die ihm zugedachte Aufgabe nicht erfüllen kann. Achten Sie auf lesbare und verständliche Auszüge zu Ihrem Depot. Eine jährliche Information zu den steuerpflichtigen Erträgen ist unabdingbar. Auch der zuverlässige und reibungslose Zugriff auf Ihr Investmentkonto ist wichtig. Erwerben Sie Anteile an einem No Load Fonds, so wird bei Rückgabe eine Gebühr fällig, oft entfällt diese dann ab dem siebten Jahr. Verwechseln Sie bitte auch Discount nicht mit No Load. Bei Discount erhalten Sie in den meisten Fällen keine Beratung. Leider ist die Abwicklung in vielen Fällen eine Zumutung. Darüber hinaus laufen Sie Gefahr, dass der Discounter Sie mit Angeboten bombardiert, deren Hintergründe oft zweifelhaft oder gar teuer sind.

Kaufen Sie nicht irgendeinen International oder World Fonds, weil es zur Zeit en vogue ist, sondern lassen Sie sich individuell zu Ihrer persönlichen Lebenslage und Ausrichtung beraten. Eine gute Beratung erhalten Sie niemals kostenlos.

Auch ist darauf zu achten, dass Ihr Depot direkt bei der Investmentgesellschaft geführt wird. Dort entstehen keine separaten Spesen. Diese sind im Ausgabeaufschlag und der fortlaufenden Management Fee enthalten. Bei Kauf der Anteile des Fonds über eine der Direktanlagebanken, ebenso wie bei den Hausbanken fallen meistens Depotgebühren an. Dieses muss nicht sein. Lassen Sie Ihr Investmentkonto direkt bei der Fondsgesellschaft verwalten. Depotgebühren fallen dann nicht an. Nehmen Sie das Angebot durch den Berater, die Vermittlung zu erhalten, an. Es lohnt sich.

Nehmen Sie das billigste Angebot an, müssen Sie für das Risiko mangelhafter Vermittlung, das Sie eingehen, etwas hinzurechnen. Und wenn Sie das tun, dann haben Sie auch genug Geld, um für eine gute Beratung zu bezahlen.

Letztlich schlägt es sich auch in der Wertentwicklung nieder. Was nützt Ihnen ein Discountfonds mit neun Prozent Wertzuwachs, wenn Sie bei einem besseren Fonds zwar einen Ausgabeaufschlag bezahlt, aber dafür zwölf Prozent oder mehr erhalten hätten?

Die Investmentgesellschaften berechnen darüber hinaus eine Managementgebühr. Diese errechnet sich aus dem gesamten Inventarwert des Fonds und muss vom Anleger nicht gesondert bezahlt werden. Sie dient unter anderem zur Motivation des Fondsmanagers, der leistungsgerecht bezahlt werden sollte. Des Weiteren wird hieraus die Analyse und das Researchteam der Investmentgesellschaft bezahlt. Zudem dient diese Gebühr zur Marketingunterstützung. Sie sollte zwischen 0,8 und 1,5 Prozent liegen.

Die Fondsgesellschaften erwirtschaften unterschiedliche Erträge und schütten diese aus oder auch nicht. Dies orientiert sich an der Investitionsart des Fonds. Worin wird investiert: Aktien der Standardwerte, Aktien der Spezial- und Nebenwerte, Rentenpapiere, festverzinsliche Wertpapiere, Immobilien? Die Ausrichtung entscheidet über die Ausschüttungen. Diese bestehen aus Kurs- oder Währungsgewinnen, Zins- oder Dividendenerträgen.

Empfehlenswert sind thesaurierende (Wiederanlage der Ausschüttungen) Fonds. Diese haben den angenehmen Vorteil, dass Sie als Investor sich nicht selbst um die Wiederanlage kümmern müssen und der Wert Ihres Vermögens durch sofortigen Nachkauf von Anteilen schneller wächst. Sofern es sich um thesaurierte Erträge handelt, müssen Anleger, welche Fondsanteile am Tag des Geschäftsjahresendes besitzen, die ordentlichen Erträge des ganzen abgelaufenen Geschäftsjahrs versteuern. Nur die wenigsten Fonds thesaurieren automatisch. Halten Sie sich die Möglichkeit offen, dieses auf Wunsch durch die Gesellschaft vornehmen zu lassen. Ferner ist darauf zu achten, dass die Wiederanlage Ihrer Ausschüttungen spesenfrei vorgenommen wird. Die Investmentgesellschaften berechnen in der Regel keine Wiederanlagespesen. Achten Sie darauf bei dem Gespräch mit Ihrer Bank.

Informieren Sie sich vor dem Kauf von Aktienfonds, welcher Anteil der Erträge in den vergangenen zwei Jahren steuerpflichtig war. Insbesondere Steuerzahler mit hohen Spitzensteuersätzen sollten bevorzugt Fonds wählen, bei denen keine steuerpflichtigen Erträge anfallen. Nur ein guter Berater wird Sie über die Hintergründe und die Auswahl der Aktieninvestmentfonds, deren Erträge steuerfrei zu vereinnahmen sind, aufklären.

Ist es Ihr Wunsch, während der Anlagephase von einem Fonds in einen anderen Fonds der gleichen Gesellschaft zu wechseln, fallen sogenannte Switchgebühren an. Diese liegen in der Regel zwischen null und einem Prozent pro Wechsel. Aus anlagetechnischer Sicht muss gesagt werden, dass Switchen nur Kosten verursacht und nachhaltig keine Steigerung der Wertzuwächse nach sich zieht. Gezielte langfristige Vergleiche haben dieses ergeben. Also Finger weg vom Switchen!

Ein solide gemanagter Investmentfonds sollte im internationalen Wettbewerb zu anderen Gesellschaften mindestens zweistellige Wertzuwächse erzielen. Diese liegen zwischen zehn und zwölf Prozent pro Jahr. Nach Abzug von Gebühren und steuerpflichtigen Erträgen sollte der Nettoertrag etwa sieben bis acht Prozent nicht unterschreiten.

Und noch einmal: Es gibt kaum etwas auf dieser Welt, das nicht irgendjemand ein wenig schlechter machen und etwas billiger verkaufen könnte. Die Menschen, die sich nur am Preis orientieren, werden die gerechte Beute derartiger Machenschaften. Lassen Sie sich beraten und aufklären, dann wissen Sie, wie es geht. Und wenn Sie es wissen, kann man Sie nicht ausnehmen, denn Sie wissen es ja.

Sparpläne und Einmalzahlungen in Investmentfonds

Das monatliche Sparen in Investmentfonds wird leider völlig unterschätzt. Anleger und Sparer stehen immer wieder vor schwierigen Entscheidungen: Wenn die Börsen boomen, steigen viele deshalb nicht ein, weil sie einen deutlichen Rückgang der Kurse oder gar einen Crash befürchten. Haben die Märkte hingegen den Rückwärtsgang eingelegt, halten sich einige erneut zurück, weil die Kurse schließlich noch weiter fallen könnten.

Doch derjenige, der immer zögert und sich nicht entschließen kann, wird niemals ein Vermögen aufbauen können. Warum so viele Anleger gar keine oder die falsche Entscheidung treffen, ist eigentlich völlig unverständlich. Mit einem Investmentfonds-Sparplan haben sie das beste Instrument in der Hand.

Nun gibt es grundsätzlich zwei Varianten, um einen Sparplan einzurichten.

Erstens: Die Zahlungen erfolgen an die deutsche Zahlstelle des Fonds – in diesem Fall ist der Sparer Anteilinhaber.

Zweitens: Die Zahlungen erfolgen an eine deutsche Bank, die für den Sparer ein Wertpapierdepot einrichtet und verwaltet. In diesem Fall ist der Sparer Inhaber eines Wertpapierdepots, die Bank ist Anteilinhaber.

Da die Vermögensverhältnisse, die Risikoprofile und Ziele der Anleger sich viel zu sehr unterscheiden, verbietet sich eine pauschale Antwort. So viel aber ist unabhängig von allen individuellen Unterschieden gewiss: Bei der Einmalanlage entscheidet der Kaufzeitpunkt nicht unerheblich über das Anlageergebnis. Und ob der Zeitpunkt optimal war, lässt sich verbindlich erst im Nachhinein feststellen.

Anders bei einem Sparplan mit einer periodisch gleichen Sparsumme – hier braucht man sich nicht auf das unsichere Market Timing zu verlassen, hier hilft der Cost Average Effect. Auf jeden Fall ist es empfehlenswert, Einmalanlage und Sparplan zu koppeln. Man investiert beispielsweise

- eine Einmalanlage, sagen wir 10.000 Euro
- und regelmäßig einen gleich hohen Betrag 300 Euro monatlich,
- bei einem größeren Rückgang des Anteilspreises nimmt man eine Sonderzahlung vor und legt die Ausschüttungen (Dividenden/Zinsen, realisierte Kursgewinne) zeitgleich wieder an.

Performt der Fonds insgesamt positiv, kommt der Zinseszinseffekt besonders den Einmalzahlungen zugute, einen Preisrückgang federt der Cost-Average-Effect ab.

Aktien- oder Rentenfonds? Gegenfrage: Welche Rendite wird erwartet, und wie steht es mit der Risikobereitschaft? – Aktienfonds können außerordentlich volatil sein, mit einem Rentenfonds schläft man normalerweise ruhiger. Allerdings waren in der Vergangenheit Aktienfonds bei weitem erfolgreicher als Rentenfonds – selbst wenn man den steuerlichen Aspekt vernachlässigt.

Was wäre aus monatlich 100 Euro in einem Aktien- bzw. Rentenfonds geworden? Nach zehn Jahren hat man hier wie dort 12.000 Euro eingezahlt. Legt man die durchschnittliche jährliche Performance der Aktien- bzw. Rentenfonds der BVI-Mitglieder zugrunde, kam der Aktienfondsanleger zum 30.9.1999 auf 21.913 Euro, der Rentenfondsanleger auf rund 4.000 Euro weniger. Nach 20 Jahren hat man 24.000 Euro eingezahlt. Daraus werden in einem Rentenfonds 55.000 Euro, in einem Aktienfonds 25.000 Euro mehr.

Nach 25 Jahren hat man 30.000 Euro in monatlichen 100-Euro-Raten eingezahlt. Als Anteilseigner eines Aktienfonds könnte man über rund 131.000 Euro verfügen, als Anteilseigner eines Rentenfonds müsste man sich mit etwas über 40.000 Euro weniger bescheiden. Und das, obwohl in dieser Periode (wie auch in die 20 Jahre lange) der Oktober-Crash von 1987 fällt.

Fondssparpläne kombinieren Spar- mit Performance-Überlegungen. Wer regelmäßig einen gleich hohen Betrag in ein und denselben Investmentfonds anlegt, erwirbt bei niedrigeren Anteilspreisen mehr, bei höheren Anteilspreisen weniger Anteile – und erzielt so einen günstigeren durchschnittlichen Preis (Cost-Averaging).

Wer die beachtlichen Chancen dieser Strategie allerdings richtig ausschöpfen will, sollte ganz genau überlegen, welchen Betrag er unter allen Umständen aufwenden kann.

Die Tücken der historischen Performance

Wir sind Erinnerung. Vergangenheit ist auch die Wertentwicklung von Investmentfonds. Und es heißt in den Verkaufsprospekten der Investmentgesellschaften klein gedruckt auf der Rückseite in vielen Fällen: „Wertentwicklungen in der Vergangenheit sind keine Garantie für zukünftige Erträge. Der Wert der Anteile kann schwanken und wird nicht garantiert. Fremdwährungsanlagen sind Wechselschwankungen unterworfen."

Erinnerungen an das bereits Geschehene, Retrospektiven, was sonst füllt den Menschen aus. Vertrauen in das hier und jetzt sowie in die vor uns liegende Zukunft sind wenig präsent. Die Bejahung der Zeit, die vor uns liegt. Vertrauen in die Planbarkeit der Zukunft und in die Manager, die unser Geld verwalten. Und schon wühlt der Anleger in den Zahlen der historischen Performance. Fondsergebnisse, Hitlisten, Zeitungen, Internet-Vergleiche, Wertentwicklungen über eine Woche, der Fonds des Monats, drei Jahre und Fünf-Jahres-Performance werden verglichen.

Die Tücken liegen im Detail, denn was verglichen wird, sind Zahlen, sonst nichts.

Wirtschaftliche Ereignisse, die hinter uns liegen – eine Zeit, in der wir nicht investiert waren, weil uns keine Information vorlagen, wir ängstlich waren oder kein Vertrauen besaßen. Und dennoch es hat sich gelohnt, immer und überall dabei zu sein, beim wirtschaftlichen Geschehen in der Welt. Die Vereinigten Staaten von Amerika, Europa, Asien, Japan und die Emerging Markets, um nur die Hauptmärkte unseres Globus einmal zu nennen, prosperieren, seitdem es sie gibt. Produktivität seitdem Menschen arbeiten, miteinander Handel treiben, durch die Bewertungen an den Börsen gehandelt werden durch Kurswert und Marktwert.

Nehmen wir einmal an, Sie interessieren sich für einen Aktienfonds, der in europäischen Aktien angelegt ist. Sie sind Deutscher und möchten an der Entwicklung in Europa mit dem Euro den sich öffnenden Grenzen und dem wirtschaftlichen Geschehen teilhaben. Guter Gedanke. Nun möchten Sie alle in Deutschland zum Kauf gelisteten Fonds zu diesem Thema lokalisieren. Vielleicht sind sie bereits internetaffin und loggen sich ein in die Informationsquellen, als da sind:

www.Finanzen.de, www.Micropal.de, www.Focus.de, www.BVI.de und so weiter. Vielleicht haben Sie auch eine Zeitschrift in Händen oder einen „Vergleich der besten Investmentfonds". Und überall finden Sie Fonds, Fonds, Fonds. Sie erblicken über 180 unterschiedliche Fondskategorien und haben die Möglichkeit durch verschiedene Such- und Analysewerkzeuge einen Fonds zu wählen.

Nun haben Sie sich vorgetastet und sehen Wertentwicklungen über einen Monat, sechs Monate, ein Jahr, drei Jahre, fünf Jahre und zehn Jahre. Ferner erhalten Sie Daten über das Volumen der Fonds, das Auflegedatum, wann der Fonds ausschüttet, die Fondswährung, den aktuellen Anteilspreis und vielleicht noch ein Star Rating, in dem die relative Volatilität mit Sternchen bewertet wird.

Selbstverständlich ist dies eine sehr subjektive Bewertung des Unternehmens, dessen Information Sie aufgerufen haben. Alles in allem bietet sich Ihnen ein Spektrum von etwa 1.600 Investmentfonds. Und jetzt versuchen Sie zaghaft, den besten Fonds für sich herauszufinden. Sie überlegen, ob besonders viele Sterne beim Star Rating gut sind oder ob ein besonders alter oder neuer Fonds geeignet ist – oder eine Fondsgesellschaft, die mehr deutsch oder besonders exotisch klingt, am besten noch mit einem Namen, den man als Deutscher kaum aussprechen kann, wie etwa Threadneedle.

Und jetzt erwarten Sie, nachdem Sie auf einen Call Me Back Button gedrückt haben, einen Rückruf, damit man Ihnen ein paar Kilo Unterlagen und das entsprechende Kontoeröffnungsmaterial übersendet.

Und dann wollen Sie Ihr Geld einer Fondsgesellschaft überweisen, bloß weil sie im Fünf-Jahres-Vergleich mit vielen Sternchen besonders gut abgeschnitten hat. Was Ihnen aber noch nicht aufgefallen ist, ist die Tatsache, dass diese Vergleiche von den Zahlen zwar gut und geeignet sind, aber dass diese sagen wir 30 Fonds aus Europa alle unterschiedliche Management-Ansätze haben. Was das heißt? Die Fonds sind unterschiedlich gemanagt: bottom up/top down, aktiv/passiv, am Index geführt, Barmittel, Cash-Anteile sind unterschiedlich, wertzuwachsorientiert, Kapitalerhalt oder ertragsorientiert, Hedging oder bestimmte Finanzinstrumente werden eingesetzt oder auch nicht. Handelt es sich um einen Value-Ansatz für kleine Aktien, große Standardwerte, Branchen, Themen? Wer sind die Manager? Bitte beachten Sie, dass etwa 65 Prozent aller Fondsmanager eine echte Baisse noch nicht aktiv miterlebt haben. Wer ist dieser Manager? Ist er Europäer oder Amerikaner? Ist er allein verantwortlich? Wie weit hat das Research-Team Einfluss auf die Anlage und Aktiengewichtung? Wie wird der Fonds vertrieben? Gibt es mehr institutionelle Anleger oder mehr private Investoren? Wie stark sind bei einer Baisse die Mittelzuflüsse oder Abflüsse? Wie viel Baranteile muss der Fonds halten? Wie viele Währungen sind in dem Fonds, der in Europa anlegt, zu Hause? Wie ist die Ländergewichtung? Darf es etwas mehr Deutschland oder etwas mehr England sein? Frankreich und die Schweiz vielleicht auch? Oder hätten sie gern Luxemburg, weil sie darüber etwas Steuerfreies gehört haben? Ich könnte diese Ausführungen noch präzisieren, aber es stört Ihre Aufmerksamkeit und langweilt meine Produktivität.

De facto können Sie Fonds miteinander nicht wirklich vergleichen. Sie müssen bereit sein, sich auf die Entscheidungen und Gewichtungen der Fondsgesellschaften einzulassen.

Hat die Gesellschaft eine Historie und wie sind die Zeiträume fünf Jahre, zehn Jahre und länger bewertet. Hier entscheidet sich, wer wirklich gut gemanagt hat. Wenn die Märkte um 10 oder 20 Prozent nach unten korrigieren, dann gehen gute ebenso wie weniger gute Fonds mit in diese Richtung. Wenn die Märkte hingegen steigen, dann werden sich auch an dieser Stelle beide in dieser Richtung bewegen. Die Frage ist nur: Wer wird es schaffen, damit sie gut schlafen können und bei wirklich großen Korrekturen der Märkte Ihr Kapital erhalten?

Auch auf die Art und Weise zu traden und auf die Marktgegebenheiten zu agieren und zu reagieren ist äußerst unproduktiv und gefährdet zudem die Wertentwicklung. An dieser Stelle darf ich den Börsen-Altmeister André Kostolany zitieren: Mit der Wirtschaft und der Börse verhält es sich wie mit dem alten Mann und seinem Hund. Der Mann ist die Wirtschaft, der Hund die Börse. Der alte Mann geht langsam und beständig voran. Der Hund hingegen läuft mal vor, bleibt stehen, kommt zurück und läuft auch schon mal hinter dem alten Herren. Ich empfehle Ihnen, sich durchaus zu informieren, aber seien Sie nicht blind und vertrauen den tückischen Vergleichen der historischen Wertentwicklungen. Orientieren Sie sich an den in diesem Buch erläuterten Grundsätzen über Investments in Aktienfonds. Und beachten Sie besonders die zehn Empfehlungen. Seinen sie hartnäckig, beständig und geduldig, wenn Sie sich für einen Fonds oder eine gemanagte Variante entschlossen haben. Die Faustregel für soliden Wertzuwachs gilt: Ein guter gemanagter Fonds oder auch ein gemanagtes Depot sollte die vorgenommene Einzahlung alle fünf bis sechs Jahre verdoppeln. Hierbei handelt es sich um einen durchschnittlich jährlichen Wertzuwachs von etwa 14 Prozent vor Abzug von Gebühren und vor Abzug der kapitalertragsteuerpflichtigen Erträge. Und wie Sie sich dazu verhalten, wird Ihnen unter dem Thema „Steuergestaltung mit Investmentfonds" zuteil.

Formen der Performancemessung

Die vom BVI (Bundesverband Deutscher Investment-Gesellschaften e. V.) entwickelte so genannte BVI-Methode bietet ein sehr einfaches und exaktes Verfahren zur Berechnung der zeitgewichteten Wertentwicklung.

Verglichen werden die Anteilwerte der Fonds zum Beginn und zum Ende des Berechnungszeitraumes unter Berücksichtigung der Wiederanlage der ausgeschütteten Erträge. Die während des Berechnungszeitraumes erfolgten Ausschüttungen werden am Tag der Ausschüttung stets als zum Anteilwert wieder angelegt betrachtet, wie es bei einem Investmentkonto in der Regel der Fall ist. Da deutschen Investmentfonds die auf inländische Dividendenerträge erhobene Körperschaftsteuer erstattet wird und der Anleger darüber eine Steuergutschrift erhält, fließt diese in die Wiederanlage ebenso ein wie der Kapitalertragsteuer-(Zinsabschlagsteuer-) Betrag und der Solidaritätszuschlag. Von der Wiederanlage der Ausschüttung muss auch deshalb ausgegangen werden, weil andernfalls die Wertentwicklung von ausschüttenden und thesaurierenden Fonds nicht miteinander vergleichbar ist.

Bei einem derartigen Vergleich der Managementleistung muss darauf geachtet werden, dass Fonds mit in etwa gleichen Anlageobjekten und vergleichbarer Anlagestrategie über einen längeren Zeitraum hinweg (zum Beispiel fünf oder zehn Jahre) einander gegenübergestellt werden.

Der von der Europäischen Investmentvereinigung (EIV) akzeptierte Standard entspricht weitgehend der vom BVI verwendeten Wertentwicklungsberechnung mit dem Unterschied, dass auf europäischer Ebene aufgrund sehr unterschiedlicher steuerlicher Gegebenheiten die Wiederanlage der Ausschüttung ohne Steuergutschriften erfolgt.

Für die Berechnung des individuellen Anlageerfolges eines Anlegers spielen die tatsächlich gezahlten Ausgabeaufschläge eine Rolle, die je nach Fonds und teilweise auch deutlich in Abhängigkeit von der Höhe des Anlagebetrages differieren. Eine Bereinigung der nach der BVI-Methode ermittelten Wertentwicklung um die Ausgabekosten kann durch Multiplikation mit einem Faktor entsprechend dem jeweiligen Ausgabeaufschlag bzw. mit der Formel vorgenommen werden:

Ausgabekosten in Prozent auf den Anteilswert	Ausgabenkosten-Bereinigungsfaktor
2,50	0,97561
3,00	0,97087
3,50	0,96618
4,00	0,96154
4,50	0,95694
5,00	0,95238
5,26	0,95003

Der individuelle Anlageerfolg hängt darüber hinaus auch vom individuell unterschiedlichen persönlichen Einkommensteuersatz ab.

Zehn Empfehlungen für Investments in Aktienfonds

1. Wenn Sie erfolgreich in Investmentfonds investieren möchten, sollten Sie Zeitungsberichte jedweder Art aus Wirtschaft und Börse ignorieren. Die Gräuelnachrichten aus Wirtschaft und Finanzen der letzten Jahre erfinden oftmals diejenigen, die auf diesen Gebieten wenig Erfahrung haben und nur ihr eigenes Geschäft damit machen wollen.

2. Verlassen Sie sich niemals auf so genannte heiße Tipps oder Ähnliches. Eine langfristige Gewinnstrategie führt nur dann zum Erfolg, wenn Sie bereit sind, „Schmerzensgeld" zu bezahlen. Erst kommen die Schmerzen, dann das Geld!

3. Gefährlich ist es ebenfalls die Kurse ununterbrochen zu verfolgen und auf jeden Singsang zu reagieren. Die Summe der politischen Einflussgrößen kann von heute auf morgen ganze Märkte destabilisieren. Sie können dann nur noch reagieren, und zwar falsch!

4. Versuchen Sie niemals Buchverluste durch permanentes „Switchen" zurückzugewinnen. Hierdurch entstehen nur unnötige Switchgebühren. Man muss hartnäckig, zäh und geduldig sein.

5. Tun Sie sich den Gefallen und machen Sie nicht permanent Bilanz, um festzustellen, in welchem Gewinn oder Verlust Sie sich befinden.

6. Werden Sie nicht emotional und lassen Sie sich nicht von politischen Sympathien oder Antipathien beeinflussen. Werden Sie nicht übermütig, wenn Sie einen Profit erwirtschaftet haben.
7. Vergessen Sie das „richtige Markt-Timing". Kein Mensch ist in der Lage, ein derartiges Timing wirklich durchzuführen. Kein einzelner Experte kann ernsthaft behaupten, alle Märkte, Länder und Wertpapierarten gleich gut und qualifiziert bewerten zu können.
8. Investieren Sie in Märkte, deren Wirtschaftswachstum realistisch ist (zum Beispiel USA, Europa). Kaufen Sie Fondsanteile besonders an bewegten Märkten monatlich (Cost Averaging Effect).
9. Bleiben Sie mindestens fünf bis acht Jahre investiert, auch wenn zwischendurch „Buchverluste" eintreten. Nur bei wirklich realisierten Erträgen erwägen Sie ein Herausnehmen Ihres gewünschten Betrages (Cash/Geldmarktfonds)!
10. Fondsmanager mit jahrzehntelanger Erfahrung managen Ihr Geld. Bei entsprechenden Seitwärts- oder Abwärtsbewegungen der Märkte dient die Barreserve, welche der Fonds hat, dazu günstige Papiere nachzukaufen. Überlassen Sie das den Experten und schonen Sie Nerven und Geldbeutel, dafür bezahlen Sie den Ausgabeaufschlag bzw. die Managementgebühr.

2.8 Geld und Wirtschaftspresse

- Die große Gefahr auf den Weltfinanzmärkten ist heute, dass zu viel heißes Geld in Händen derer ist, die damit nicht umgehen können.
- Viele Anlageberater verwenden aus Angst, ein Geschäft nicht zu machen, den Ausdruck „Ich garantiere ...". Wenn Sie eine Garantie wünschen, kaufen Sie sich besser einen Toaströster.
- Heftige Bewegungen an den Weltfinanzmärkten sind nicht auf objektive Überlegungen zurückzuführen. Sie sind ein massenpsychologisches Phänomen. Jemand entdeckt ein Problem, so klein es auch sein mag, und das verbreitet sich wie ein Lauffeuer. Tragisch ist es mit ansehen zu müssen, welch leidvolles Lehrgeld die Deutschen zum Thema Aktienfonds bezahlen.

- Die Gräuelnachrichten aus Wirtschaft und Finanzen der letzten Zeit konnten nur diejenigen erfinden, die auf diesen Gebieten keine Erfahrung haben und damit ihr Geschäft machen wollen.
- Bedauerlich ist es, dass die Wirtschaftspresse das irrationale und emotionale Verhalten der Deutschen schamlos ausnutzt. Je reißerischer die Titel der Wirtschaftspresse, desto lieber wird diese von den Bürgern „gekauft" (lesen heißt glauben). Das erhöht die Auflage.
- Das Wort „Verantwortung" scheint von den Verantwortlichen der Wirtschaftspresse vollends abhanden gekommen zu sein.
- In alten Zeiten sagte man, ein Mann verliere seinen Verstand mit seinen letzten 10.000 Gulden. Der deutsche Anleger verliert seinen Verstand bereits mit den ersten 5.000 Euro.

1999–2010

- Vom deutschen Sparer zum Anleger
- Neues Bewusstsein der Selbstverantwortung
- Von der Bank zur Finanzdienstleistung
- Von der D-Mark in den US-Dollar
- Von der D-Mark in den Euro
- Vom Schilling in den US-Dollar und den Euro
- Von Anleihen und Sparkonten in Aktienfonds
- Vom Geldwert in die Sachwerte
- Vom Steuervorteil zur Nettorendite (§ 2b)
- Von der Fremdbestimmung (Staat) zur Eigenverantwortung
- Vom Informationsmüll zu den Inhalten

Liebe Anleger,
streichen Sie das Wort „Crash" aus Ihrem Wortschatz.

Die in der Bundesrepublik Deutschland zugelassenen und zum Vertrieb angemeldeten Investmentfonds unterliegen einer umfassenden rechtlichen Regelung, dem Gesetz über Kapitalanlagegesellschaften (KAGG). Das KAGG ist ein organisations-, aufsichts-, vertriebs- und steuerrechtliches Spezialgesetz. Es stellt einerseits den Schutz des Investmentsparers sicher und beseitigt steuerliche Nachteile im Vergleich zur Direktanlage, die sich andernfalls durch die Zwischenschaltung des Investmentfonds ergeben würden.

Zum professionellen Investieren des Geldes braucht der Fonds einen Fondsmanager. Dieser Manager sorgt dafür, dass mit dem Geld der Investoren beste Erträge erwirtschaftet werden. Dieses geschieht jedoch nur in einem ihm vorgegebenen Rahmen. Dieser Rahmen ist ihm einmal von der Gesellschaft und dem Investitionsschwerpunkt des Fonds vorgegeben. Selbstverständlich verfügt solch ein Fonds auch über eine seriöse Verwaltungsgesellschaft im Hintergrund. Diese Gesellschaft ist eine Kapitalanlagegesellschaft (KAG). Der Geschäftszweck ist die Verwaltung eines oder mehrerer Fonds. Sowohl die Fondsgründung als auch die Festlegung, in welche Werte der Fonds investieren wird, gehören dazu. Die KAG erstellt die jährlichen Geschäftsberichte, Zwischenberichte und Verkaufsprospekte für die jeweiligen Fonds. Das Anlagevermögen eines jeden Fonds wird säuberlich vom anderen Vermögen der KAG getrennt. Es bildet jeweils ein so genanntes Sondervermögen. Sollte mit der KAG einmal etwas schief gegen, bleibt das Fondsvermögen davon rein rechtlich gesehen ungeschoren. Die Anleger können darüber hinaus sicher sein, dass weder die Fondsgesellschaft (KAG) noch der Fondsmanager mit ihrem Geld Missbrauch betreibt, es etwa unterschlägt. Die Depotbank sorgt dafür, dass so etwas nicht passiert. Dort, das sagt der Name schon, wird sowohl das neue als auch das gebrauchte Geld deponiert, wie auch der Inhalt der Fondsanlagen. Über die Depotbank werden auch die Ausschüttungen des Fonds abgewickelt. Die Depotbank übt also eine regelrechte Treuhänderfunktion für die vereinbarte Verwendung der Anlegergelder aus.

Die Struktur und Organisation von deutschen Investmentfonds regelt einerseits einen reibungslosen Geschäftsbetrieb, aber sie ist auch rechtlich so vorgeschrieben. Darüber hinaus schreibt das Gesetz der Kapitalanlagegesellschaften (KAGG) unter anderem auch noch vor:

Alle geschäftlichen Betätigungen der KAG müssen angemeldet sein. (so können Interessenkonflikte vorzeitig erkannt und ausgeschaltet werden). Der Fonds darf nur in ordnungsgemäß gehandelte und öffentlich erwerbbare Anlagen investieren (also keine exotischen und nicht transparenten Beteiligungen).

Das Fondsvermögen muss ein Mindestmaß an Risikostreuung aufweisen. Aktienfonds müssen mindestens 20 verschiedene Aktientitel aufweisen. Kein Titel darf mehr als maximal 10 Prozent des gesamten Fondsvermögens ausmachen und die acht größten Positionen dürfen zusammen nicht mehr als 40 Prozent des gesamten Fonds darstellen.

Der Fondsprospekt muss so umfassend und wahrheitsgemäß informieren, dass der Käufer daraus das Risiko seiner Investitionsentscheidung und die Vertragsbedingungen deutlich entnehmen kann. Ist der Prospekt unrichtig oder unvollständig, muss die KAG im Zweifelsfall entstandenen Schaden des Kunden wieder gutmachen (§ 20 KAGG, Prospekthaftung).

Das Bundesaufsichtsamt für das Kreditwesen (BAKred) in Berlin kontrolliert und überprüft die Einhaltung des KAGG. Bei dieser Behörde müssen alle Investmentfonds, in- und ausländische, die aktiv Anteile in Deutschland vertreiben wollen, zum Vertrieb angezeigt und zugelassen sein. Hierzu müssen die Gesellschaften sich einer Prüfung unterziehen. Die inländischen Fondsgesellschaften nach dem KAGG, die ausländischen nach dem (deutschen) Auslandsinvestmentgesetz.

Die neueste Fassung des KAGG stammt vom 24. März 1999. Die vom BAKred kontrollierten und verabschiedeten Jahrbücher sind in unterschiedliche Bereiche gegliedert. Es handelt sich um 71 Paragrafen, die in 9 Abschnitte gegliedert sind und auf die ich an dieser Stelle nicht detailliert eingehen werde. Der interessierte Leser ist herzlich eingeladen, sich im Internet beim Bundesverband deutscher Investmentunternehmen unter www.bvi.de detaillierter zu informieren. Weiterführende Literatur sind:

- Das Investment-Richtlinie-Gesetz,
- Spezialfonds und das Investment-Richtlinie-Gesetz,
- Novellierung des KAGG,
- Vermögenspolitik und KAGG,
- Reformbestrebungen im Investmentwesen.

Ferner haben zum Schutz des Investors weiter gehende Kontrollorgane ihre Berechtigung. Es handelt sich um das Auslandsinvestmentgesetz (AIG) in seiner Fassung vom 24. März 1999. Das AIG regelt den Vertrieb von Produkten ausländischer Investmentgesellschaften in Deutschland. Die 22 Paragrafen sind in 4 Abschnitte gegliedert und regeln neben den Vorschriften über den Vertrieb insbesondere die steuerliche Behandlung, die in ihren Vorschriften Erläuterung findet.

Alles in allem kann der deutsche Anleger versichert sein, dass ein Missbrauch seiner Investition oder seines Investments in einem Investmentfonds, der unter den genannten Richtlinien angemeldet und zugelassen ist, nicht vorkommen wird. Insbesondere die Art und Weise zu investieren und dass eine Investmentgesellschaft nicht nach Gutdünken investieren kann, sind detailliert festgelegt und kontrolliert. Im Einzelnen nehme ich in diesem Buch auf einige Richtlinien als Beispiel Bezug.

3. Für den Berater

3.1 Vom Finanzberater zum Financial Consultant

Wer und was ist das, dieser Finanzberater? Es handelt sich, zumindest in Deutschland, um ein gänzlich unbekanntes Berufsbild. Die Ansicht der Bürger darüber, wer sich hinter dem Begriff „Finanzberater" verbirgt, kommt in den unterschiedlichsten Interpretationen zum Ausdruck. Um Versicherungsverkäufer oder Immobilienmakler, sind sich die Menschen in Deutschland einig, müsse es sich handeln, nebenberuflich Tätige, die nach Feierabend Versicherungen und Ähnliches verkaufen. Manchmal ist auch von dubiosen Anlagen, an denen der Finanzberater verdient, die Rede. Man habe schon genug mit derartigen Herren oder Damen zu tun gehabt. Überdies gäbe es keine Berufsausbildung oder gar Prüfung zum Finanzberater.

Die Gier der Anleger in Verbindung mit der Enttäuschung über vermeintlich falsche „Finanzberater" schlägt in unserem Lande zur Interpretation dieses Berufsbildes seltsame Blasen. Ein Thema, das bislang, ähnlich wie die Prüderie zum Thema Geld, nur ungern diskutiert wird. In einem Punkt jedoch sind sich alle einig. Der Finanzberater muss etwas Unseriöses sein. Doch weit gefehlt, wie so oft.

Retrospektive

Ende der siebziger Jahre hat bei zunehmender Aufklärung und Infragestellung des bisherigen Systems, beherrscht durch Banken und Versicherungsgesellschaften, der Bürger nach einer umfassenden, ja nach einer persönlichen Beratung Ausschau gehalten. Unabhängig von den genannten Instituten. Nun, ein Berater, der frei ist von einer Gesellschaft, frei von Interessenzwängen seines hauseigenen Produktes? Das war etwas gänzlich Neues und damit hoch interessant.

Geprägt durch die doch zunächst verkaufsorientierte Produktlandschaft, sehnte sich der Bürger in den achtziger und neunziger Jahren zunehmend nach qualifizierter Beratung. Er war nicht mehr bereit, sich von seiner Bank oder Versicherung „geeignete Produkte" verkaufen zu lassen. Produkte, deren Kostenstruktur undurchsichtig und deren vertragliche Bedingungen ein nachhaltig ungünstiges Moment für ihn besaßen, waren an der Tagesordnung. Der Verkauf stand mehr im Vordergrund als die Beratung.

„Es war schon immer so, dass die Zukunft denen gehört, die sich darauf vorbereitet haben."

Der Status eines Maklers, der wiederum seinen Verdienst als Provision aus den vermittelten Produkten erhielt, war üblich. Schon hier bestand seitens des Beraters oder Vermittlers die Gefahr nicht auf ein gutes, auf den Kunden ausgerichtetes Produkt, sondern auf die Provisionen zu schielen. Doch in diesem Kontext ist keineswegs von den 400.000 Finanzberatern die Rede, welche unter der Flagge eines Versicherers, Bausparanbieters oder Immobilienmaklers verkäuferisch tätig waren oder sind.

Die Zukunft ist das Kind der Gegenwart

Es hat sich insgeheim an den Bedürfnissen der Menschen wenig geändert. Sieht man von den grundsätzlichen Bedürfnissen der Maslowschen Pyramide im unteren Bereich wie Schutz, Geborgenheit, Nahrung oder Wärme ab, so liegen die Kernaspekte des Beratungsbedarfes offen: Die Themen Alter, Familie, Krankheit, Beruf, Besitz, Betrieb, Steuern und Altersversorgung stehen im Mittelpunkt des Interesses und somit des Beratungsansatzes beim Financial Consulting.

„Kein Mensch interessiert sich für Produkte. Er interessiert sich immer für sich selbst. Zeigen Sie ihm seine Probleme auf, und bieten Sie ihm Lösungen an!"

Ein Berufsbild entsteht

Beim Financial Consultant handelt es sich um einen der etwa 5.000 Finanzberater, die sich der besonderen Verantwortung für ihre Kunden bewusst sind. Diejenigen Damen und Herren, welche den Kunden in Sachen rund ums Geld begleiten, sich über Jahre hinweg gemeinsam mit dem Steuerberater konstruktive Gedanken zum Kunden machen und seine sich verändernden Lebensumstände Jahr für Jahr neu belichten und begleiten (Lebenszykluskonzept).

Diese Berater haben aus dem Produktdschungel der Banken, Versicherungs- und Kapitalanlagegesellschaften geeignete Instrumente ausgewählt. Die Gesellschaften, wiederum kontrolliert und begleitet durch das BAKred und das Bundesaufsichtsamt für das Versicherungswesen (BAV), müssen sich den Gesetzen in der Kreation ihrer Angebote unterwerfen. In den vergangenen Jahren hat insbesondere das 3. Finanzmarktförderungsgesetz vom April 1998 für die Zulassung der Dachfonds und der Altersvorsorge Sondervermögen (AS-Fonds) gesorgt. Hierzu gab es zuvor keine geeignete Definition oder Vertriebszulassung in Deutschland. Dieses ist heute, zum Genuss für den Anleger und Berater, geregelt.

Eines wird immer wieder übersehen: Der Finanzberater stellt ein Berufsbild dar, welches bei Überprüfung der Qualifikation ganzheitlichere Kompetenz in den unterschiedlichsten Bereichen aufweist. Hingegen hat der uns bekannte Makler, Mehrfachagent, Versicherungsvermittler oder Banker seinen Fachschwerpunkt in seinen Bereichen. Dieser leider verkannte Berufsgruppe des Finanzberaters, welche Enormes leistet, gilt mehr Anerkennung. Sie wird in Deutschland in den vor uns liegenden Jahren zunehmen.

Heute, Anfang des 21. Jahrhunderts, orientiert sich der Finanzberater an den Herausforderungen der Zukunft in Bezug auf die Bedürfnisse des Kunden. Hierzu unterwirft er sich den strengen Richtlinien der 6. KWG-Novelle. Die Geschäftserlaubnis nach § 32 KWG für den Financial Consultant findet hier Anwendung. Dieser heute auf ein Gebiet spezialisierte Berater, der grundsätzlich in ein Unternehmen eingebunden sein kann, in dem Fachbereiche wie das Risikomanagement, das Finanzmanagement, die Altersvorsorgeberatung und die Steuerentlastung zusammenfließen, kann hier auf sein Team zurückgreifen.

Sein Spielfeld und dessen rechtliche Grundlage sind unter § 1 Abs. 11 KWG geregelt. Dieser ermöglicht ihm beratende und vermittelnde Tätigkeiten mit Finanzinstrumenten, Wertpapieren (etwa Aktien), Schuldscheinen oder Genussrechten, Devisen, Rechtseinheiten oder Derivaten durchzuführen. Getrennt hiervon ist die Vermittlung von

Investmentfonds oder geschlossenen Immobilienfonds geregelt, die unter dem § 34c der Gewerbeordnung Regelung finden. Den Gewerbeschein kann der Berater durch Beantragung bei seinem Wohnsitzgemeindeamt oder Rathaus erhalten.

„Die Tätigkeit eines qualifizierten Finanzberaters wird von den Bürgern unseres Landes völlig unterschätzt."

Die Herausforderungen der Gegenwart und die der Zukunft wie auch die Vermögensumschichtungen der Erbengeneration, das wachsende Angebot der neuen Finanzprodukte wie auch die Globalisierung der Finanzmärkte und die damit in Zusammenhang stehende internationale Ausrichtung der Anlageformen werden in der Beratung neue Akzente und Ausrichtungen notwendig machen. Das Financial Consulting wird in den vor uns liegenden Jahren in die 35 Millionen Haushalte der Bundesrepublik Einzug halten und für die Lösungen der Zukunft bereitstehen.

Es ist in der Tat eine wundervolle Aufgabe, unseren Mitbürgern Zugang zu guten Informationen zu verschaffen, die zu einer wesentlichen Verbesserung der zukünftigen finanziellen Lebenssituation beitragen.

„Die eigene Aufrichtigkeit und Integrität bestimmt die Qualität des eigenen Lebens."

Der Kunde, der an einen guten Financial Consultant gerät, kann sich sehr glücklich schätzen. Wie finden Sie den richtigen? Informieren Sie sich bei den Bundes- und Berufsverbänden für Finanzdienstleistungen. Empfehlenswert sind Finanzberater, die gegen ein Honorar eine vollhaftende Beratung durchführen können. Berater finden Sie im Verband der Deutschen Honorarberater, im Internet oder durch seriöse Empfehlung.

3.2 Kennzeichen Kompetenz

Kompetent als Person
- Eigenmotivation
- Integrität
- Disziplin
- Selbstbewusstsein

Kompetent als Berater
1. Handfestes Basiswissen
2. Ständige Fortbildung
   fallweise   Seminare, Lehrgänge
   täglich   Medien
3. Anerkannter Abschluss
   Gegenwart   Reputation, Glaubwürdigkeit
   Zukunft   notwendige Voraussetzung

Wenn du dem Weg eines anderen folgst, wirst du zu dem, was er ist, nicht zu dem, was du bist.

3.3 Zukunftsrisiken – Herausforderung für das Financial Consulting

Alter

Die Lebenserwartung steigt. Gleichzeitig entstehen immer mehr Möglichkeiten, früher in den Ruhestand zu gehen. Eine gute und solide Altersvorsorge wird so für viele Menschen zum wichtigsten Punkt der Zukunftsvorsorge. Sie ruht auf drei Säulen: der gesetzlichen, betrieblichen und privaten Altersversorgung. Fehlt eine der beiden ersten Säulen oder ist eine davon zu schwach, dann muss die private Versorgung stärker ausgebaut werden Vertrauen Sie daher nicht auf die gesetzlichen Ansprüche. Sorgen Sie verstärkt selbst vor. Financial Consulting ist die Antwort der Gegenwart.

Familie

Wer Familie hat, wird versuchen diese gegen die Wechselfälle des Lebens zu schützen. Für Hinterbliebene ist das gesetzliche Rentensystem dürftig: In den ersten fünf Rentenversicherungsjahren ist es in der Regel „Null". Danach steigt es nur ganz langsam. Eigenes Einkommen der Familienmitglieder wird nach Überschreitung der schnell erreichten Freigrenzen auf die Hinterbliebenen-Renten angerechnet. Private Zusatzvorsorge ist da geradezu Pflicht.

Krankheit

Sich gegen alles zu versichern, das hält selbst die dickste Geldbörse auf die Dauer nicht aus. Ob bei einer längerfristigen Krankheit das Krankentagegeld den gewohnten Lebensstandard noch gewährleisten kann, sollten freiwillig und privat Versicherte in Abständen immer wieder überprüfen.

Beruf

Wer auf dem Höhepunkt seiner Schaffenskraft steht, denkt selten daran: es könnte auch ganz anders kommen. Doch immer mehr Menschen scheiden wegen Invalidität oder Berufsunfähigkeit vorzeitig aus dem Arbeitsleben aus. Die Höhe der Rente deckt kaum das Allernotwendigste. Selbstständige und Freiberufler haben oft gar keinen Anspruch an die gesetzlichen Versorgungsträger. Durch private Unfall- oder Berufsunfähigkeits-Zusatzversicherungen kann ein Basis- oder Zusatzschutz geschaffen werden.

Besitz

Auch der Besitz braucht Schutz. In drei von vier Haushalten scheint zumindest das vorhandene Hab und Gut versichert zu sein. Bei Feuer, Wasser oder Einbruch leistet die Hausratversicherung Ersatz, vorausgesetzt, man ist nicht „unterversichert". Von allem immer nur die Hälfte wieder zu bekommen, wird unter dem Strich sehr viel teurer. Da Wertgegenstände im Haus selten ausreichend versichert werden, kann die Anschaffung eines Tresors oder die Deponierung im Bankschließfach von Vorteil sein. Machen Sie bei Ihrem Hab und Gut mal Inventur. Es lohnt sich.

Geschäftsbetrieb

Selbstständige haben ihren Betrieb gegen Gefahren zu versichern, durch die es zu Vermögenseinbußen kommen kann. Neben den durch normale Haftpflicht abgedeckten Bereichen müssen oft spezielle Risiken versichert werden (Kundendiensttätigkeiten, kritische Produktionsverfahren etc.). Persönlich haftende Selbstständige sollten beim Stichwort Vorsorge bedenken, dass ein Scheitern ihres Unternehmens existenzbedrohend sein kann. Oft entfällt damit ein Vermögen, das als Alterssicherung eingeplant war.

Steuern

Bei allen Überlegungen im Vorsorge- und Anlagebereich ist das kritische Überprüfen der steuerpflichtigen Erträge unbedingt notwendig. Bei einer klugen Überlegung in Bezug auf die Lösungen kann ein steuerpflichtiger Teil der Anlage in Vermögen gewandelt werden. Sehen Sie die Steuerlast als einen dem Gemeinwohl zufließenden Betrag. Aber überprüfen Sie jährlich, ob bei selbstständigen Einkünften Ihre betrieblichen Steuern zu reduzieren sind. Auch eine steueroptimierte Anlagestrategie ist für Ihren Vermögensaufbau die Grundlage für Ihre finanzielle Zukunft. Steuern werden Vermögen.

3.4 Lösungen des Financial Consulting

Die Antwort auf alle genannten Punkte ist das Financial Consulting. Anders als bei herkömmlichen Beratungen wird nicht nur ein Bereich versorgt, sondern alle Aspekte in eine Analyse einbezogen. Hieraus entwickelt sich dann die Lösung. Frei von Interessenzwängen ein Produkt zu verkaufen, werden gesamtheitlich die Beratung und der Verkauf voneinander getrennt. Die Lösung kommt aus einer Hand und wird aus den zeitgemäß geeignetsten Produkten der Bereiche Bank, Versicherung, Fondsgesellschaft oder Steuerentlastung zusammengeführt. Zudem wird bei veränderten Lebensumständen überprüft, wie diesen optimal begegnet werden kann. Es ist ihr Leben. Seien Sie kritisch, aber seien Sie auch verantwortungsvoll und offen für neue Erlebnisse. Financial Planning wird auch für Sie die Lösung der Zukunft bedeuten, denn die Zukunft ist das Kind der Gegenwart.

Was ist Ihr Angebot?

Angebot 1: Spezialist	■ exklusiv ein (Teil-)Markt
	■ ein, zwei Segmente
	■ große Tiefe alle Segmente
Angebot 2: Spezialist	■ eine Nutzenidee
	■ mehrere Märkte
Angebot 3: Generalist	■ alles aus einer Hand

Motive für das Handeln

1. 95 Prozent der Menschen handeln so, wie sie handeln, weil ihre Umwelt so handelt.
2. 95 Prozent der Menschen leben, wie sie leben, weil ihre Umwelt so lebt. Sie werden gelebt, anstatt ihr eigenes Leben zu leben.
3. 95 Prozent der Menschen sind nicht erfolgreich, weil ihre Umwelt nicht erfolgreich ist.
4. Die Aktionen unserer Umwelt lösen bei uns Reaktionen im Denken, Fühlen und Handeln aus, die dann wieder Aktionen und Reaktionen auslösen.
5. Wenn nur fünf Prozent der Menschen finanzielle Unabhängigkeit im Leben erreichen, dann stehen die Chancen 95 zu 5, dass wir von

Menschen umgeben werden, deren aktives Ziel es nicht ist, finanziell unabhängig zu werden.
6. Wir leben in einem goldenen Zeitalter, in einem Zeitalter unbegrenzter Entwicklungsmöglichkeiten – dies ist die Denkweise der erfolgreichen fünf Prozent.

Arbeiten als Financial Consultant – mögliche Organisationsformen

	Pro	Contra
Einzelkämpferisch	Maximale Selbstbestimmung	unternehmerisches Risiko, Verwaltung
Partnerschaftlich	Spezialisierung, Überschaubarkeit	persönliche Beziehungen/ Konflikte
Organisationseingebunden	Konzentration Verkauf, diverse Hilfen	größere Fremdbestimmung

So wählen Sie die richtige Fondsgesellschaft!

Berater und Vermittler von Investmentfonds sollten zur Existenzsicherung und Zusammenarbeit mit Fondsgesellschaften unbedingt folgende Punkte prüfen:

- Wie hat die Gesellschaft in den USA/England in den vergangenen Jahren gearbeitet? Bietet sie alles für jeden? Vertreibt sie ihre Produkte über Banken, Berater, Versicherungen, Vermögensverwaltungen? Gibt es eine „gelebte" Ausrichtung für den Berater?
- In welchen Vertriebskanälen ist die Fondsgesellschaft tätig? Direktgeschäft, Discountbroker, Direktanlagebanken, Retail, Wholesale …?
- Legt die Gesellschaft Wert auf die Kompetenz der Vermittler (Ausbildung, Fachwissen)? Welche Voraussetzungen werden geprüft, um Geschäft mit der Gesellschaft machen zu können?

- Provisionszahlungen, insbesondere die Bestandspflege sind wichtig. Wird Letztere von Null an gezahlt, gibt es Mindestanforderungen oder Volumenvorgaben?
- Den Vermittlungsvertrag kritisch juristisch prüfen lassen auf Kündigungsklauseln, Bestandspflegefortzahlungen im angemessenen Rahmen. Es lohnt sich!
- Werden Spezialitäten geboten (Verpfändungen, Auszahlpläne, gutes Beratungsmaterial)?
- Sprechen Sie mit kompetenten Mitarbeitern der Gesellschaft oder sprechen Sie mit Computern? Wird Ihr Problem innerhalb einer angemessenen Zeit bearbeitet und erhalten Sie auch einen zuverlässigen Rückruf?
- Hat die Gesellschaft Kontinuität bewiesen (Management, Marktauftritt, Corporate Identity, Marketing)?
- Wie steht es mit dem Service der Gesellschaft? Werden Kundenveranstaltungen und Spezialseminare oder Ähnliches angeboten?
- Bietet die Gesellschaft detaillierte steuerliche Informationen für Investoren und Berater?
- Erhalten Sie als Vermittler Kopien jeglicher Korrespondenz mit „Ihrem" Kunden?
- Gibt es im Fondsmanagement Kontinuität, oder werden die Manager radikal ausgetauscht, sobald die Performance einmal nicht stimmt? Wie volatil sind die Fonds? Passt der Managementansatz zu Ihren Investoren oder wird „Hitlistenperformance" geknüppelt?
- Werden Direkt Mailings an Ihre Kunden versendet oder ist dieses vorgekommen?
- Besteht Loyalität gegenüber dem Kunden und Berater?
- Werden Kundenanfragen (Leads) an die Berater weitergeleitet, und wie wird damit umgegangen?
- Arbeitet die Gesellschaft mit so genannten Poolinggroups zusammen? Wie sehen die Konditionen für den Berater aus? (Bestandspflege)

- Deckt die Gesellschaft in „Ihrem Segment" einen interessanten Markt ab und liefert hieraus auch nachvollziehbare tatsächliche Qualität, die im internationalen Wettbewerb einer kritischen Gegenüberstellung standhält?
- Bietet die Gesellschaft eine interaktive Website an, auf der sowohl Sie als Berater als auch der Investor über ein Passwort seine Depots betrachten kann?

3.5 Financial Consultants und ihre Einnahmen

45 Wochen jährliche Arbeitszeit,
4,5 % Provisionen und 0,5 % Bestandspflege

10 Termine pro Woche:	= 40 pro Monat
5 Vermittlungen pro Woche:	= 20 pro Monat

Abschluss: etwa 20.000 Euro Einmalanlage und 150 Euro Sparplan pro Vermittlung

20 x 20.000 Euro	= 400.000 Euro Einmalanlagen monatl.
20 x 150 Euro	= 3.000 Euro Sparpläne monatlich
45 Wochen	= 10,37 Monate
400.000 Euro x 10,37 Monate	≈ 4.148.000 Euro
3.000 Euro x 10,37 Monate	= 31.110 Euro

4,5 % Einmalprovision

4.148.000 Euro x 4,5 %	= 186.660 Euro
31.110 Euro x 4,5 %	= 1.340 Euro Sparpläne/Jahr

0,5 % Bestandspflegevergütung

4.148.000 Euro x 0,5 %	= 20.740 Euro (2001)
31.110 Euro x 0,5 %	= 155,55 Euro (2002)

Gesamtverdienst im Jahr 2001:
2.422.146 Euro Volumen = 94.796 Euro (gerundet)

Gesamtverdienst im Jahr 2002:
4.844.292 Euro Volumen = 106.906 Euro (gerundet)

Gesamtverdienst im Jahr 2003:
7.266.438 Euro Volumen = 119.017 Euro (gerundet)

Erstes Rechenbeispiel

Annahmen:
- 45 Arbeitswochen pro Jahr; 10 Termine pro Woche
- 5 Vermittlungen pro Woche (= 225 pro Jahr)

Vermitteltes Geld (brutto)

Einmaleinlage (150): 150 x 15.000 Euro	= 2.250.000 Euro
Sparpläne (175): 14,58 x 150 Euro	
2.178 Euro x 12 + 2.178 Euro x 11	
+ ... + 2.178 Euro x 1 = 2.178 Euro x 78	= 170.586 Euro
Total	**= 2.422.146 Euro**

Vermittlungsprovision

Einmaleinlage	
2.250.000 Euro x 3,5 % (70 %)	= 78.750 Euro
Sparpläne	
175 x 150 Euro = 26.250 Euro x 3,5 % (70 %)	= 918,75 Euro
Total	**= 79.668,75 Euro**

Bestandspflegeprovision

Einmalanlagen (Provision 0,5 % pro Jahr)	
Provision Euro-Betrag	= 15.000 Euro
Sparpläne (Provision 0,5 % pro Jahr)	
Provision Euro-Betrag	= 127,50 Euro
Total	**= 15.127,50 Euro**
	94.796,50 Euro

Zweites Rechenbeispiel
Annahmen:
- 45 Arbeitswochen pro Jahr
- 10 Termine pro Woche
- Vermittlungen pro Woche (= 225 pro Jahr und 18,75 im Monat)

Vermitteltes Geld (brutto)
Einmaleinlage
225 x 20.000 Euro = 4.500.000 Euro
Sparpläne
18,75 x 150 Euro = 5.625 Euro
5.625 Euro x 12 + 5.625 Euro x 11 + ... +
5.625 Euro x 1 = 5.625 Euro x 78 = 438.750 Euro
Total = **9.438.750 Euro**

Vermittlungsprovision
Einmaleinlage
9.000.000 Euro x 4,5 % (90 %) = 405.000 Euro
Sparpläne
225 x 300 Euro = 67.500 Euro x 4,5 % (90 %) = 3.038 Euro
Total = **407.700 Euro**

Bestandspflegeprovision
Einmalanlagen (Provision 0,5 % pro Jahr)
  Provision Euro-Betrag = 23.261 Euro
Sparpläne (Provision 0,5 % pro Jahr)
  Provision Euro-Betrag = 845 Euro
Total = **24.106 Euro**
431.806 Euro

3.6 Diese Beratungsfehler sollten Sie vermeiden

- Luftschlösser bauen
- Performance verkaufen
- Kurzfristige Einmalanlagen
- Einmalanlagen in der Hausse
- Keine Nachkäufe in Baisse-Zeiten
- Keine regelmäßigen Kontakte (90-Tage-Regel)
- Zu wenig Termine
- Nicht Nein sagen können
- Provisions- statt Volumenfokus
- Implizieren des schnellen Reichwerdens
- Herausstellen der jederzeitigen Verfügbarkeit
- Den Investor gierig machen
- Anleger nicht auf Baissen und das Nachkaufen vorbereiten
- Einmalanlagen über zwei bis drei Jahre, obwohl ein fester Termin bevorsteht
- Einmalanlagen in Hausse-Zeiten anstatt in Sparpläne
- Keine oder ungeeignete Sparpläne
- Fokus des Beraters auf die Provision anstatt auf das Volumen
- Mit zu vielen Gesellschaften arbeiten (alles anbieten wollen)
- Cross Selling mit provisionslastigen Produkten
- Begleiten des Kaufkaters bei dem Anleger in den ersten ein bis zwei Jahren

3.7 Erfolg – was ist notwendig und wie erreicht man ihn?

- Unerschütterliches Selbstvertrauen
- Selbstbeherrschung (Selbstkontrolle, Disziplin)
- Gerechtigkeitssinn (Fairness und Achtung der Mitarbeiter)
- Überlegtes Vorgehen (Planen und Handeln)
- Unbeirrbarkeit (gegebenenfalls Festhalten an Entscheidungen)
- Gewohnheit, Erwartungen zu übertreffen (mehr leisten als erwartet)
- Bereitschaft, Verantwortung zu übernehmen
- Zuverlässigkeit
- Einfühlungsvermögen
- Auge fürs Detail
- Fähigkeit zur Zusammenarbeit

Erfolg törnt an. Er macht zufrieden und selbstbewusst. Er macht noch erfolgreicher.

- Sei dir deiner Umwelt immer bewusst, denn sie formt deine Persönlichkeit.
- Lasse deine Umwelt für und nicht gegen dich arbeiten. Dulde nicht, dass negativ denkende Menschen dein Denken auf Niederlagen ausrichten.
- Lasse dich von Kleindenkern nicht aufhalten. Eifersüchtige, neidische Menschen sehen dich gern stolpern. Orientiere dich lieber an Großdenkern.
- Hole dir bei erfolgreichen Menschen Rat, wenn es sich um deine Zukunft handelt. Lasse dich nicht von selbst ernannten Ratgebern, die nichts anderes als Versager sind, beraten.

- Tanke möglichst viel „psychische Sonne" auf. Suche Eingang in neue Kreise. Entdecke neue, anregende Dinge, die du tun kannst.
- Verbanne das Gedankengift „Klatsch" aus deiner Umgebung. Sprich ruhig über Menschen, aber rede, wenn überhaupt, nur positiv über sie. Das Leben ist ein strenger Lehrer. Du erhältst zurück, was du gibst.
- Fahre bei allem, was du tust, erster Klasse. Etwas anderes kannst du dir nicht leisten.

Erfolg hat viele Komponenten

Materieller Wohlstand ist nur einer davon. Erfolg ist überdies ein Weg, kein Ziel. Materielle Fülle ist in all ihren Ausdrucksformen zufällig nur eines jener Dinge, die diesen Weg erfreulicher machen. Aber zum Erfolg gehören auch Gesundheit, Energie, Lebensfreude, erfüllende Beziehungen, kreative Freiheit, emotionale und seelische Stabilität, Wohlbefinden und Seelenfrieden.

Die Erfahrung vom Selbstbezug bedeutet, dass unser innerer Bezugspunkt nicht die Objekte unserer Erfahrung sind, sondern unsere eigene Seele, unser Innenleben. Das Gegenteil von Objektbezug ist Selbstbezug. Eine Frage der Definition, die sich immer wieder stellt. Definiere ich mich über das, was ich habe (Objektbezug), oder über das, was ich bin (Selbstbezug). Bei Objektbezug werden wir stets durch Objekte außerhalb des Selbst beeinflusst. Dazu gehören Situationen, Umstände, Menschen und Gegenstände. Bei Objektbezug suchen wir ständig die Anerkennung anderer.

Unser Denken und unser Verhalten richten sich stets auf die Erwartung einer Reaktion aus. Daher beruhen sie auf Angst. Denn die Angst projiziert eine Erwartungshaltung auf eine Reaktion unserer Umwelt. Bleibt die Reaktion beispielsweise aus, sind wir verunsichert und haben das Gefühl der Nichtanerkennung. Bei Objektbezug spüren wir zudem ein starkes Bedürfnis, die Umwelt zu kontrollieren und somit nach äußerer Macht. Bei Objektbezug ist darüber hinaus der innere Bezugspunkt das Ego. Das Ego ist jedoch nicht das, was man wirklich ist. Dieses Ego ist ein Selbstbild, eine gesellschaftliche Maske, die

Rolle, die man sich zulegt hat. Das Ego will Kontrolle; es wird durch Macht gestützt, denn es lebt in Angst.

Das wahre Selbst, die Seele, der Geist, ist in derartigen Dingen vollständig frei. Es ist immun gegenüber Kritik, Anerkennung, hat keine Angst vor Herausforderungen und fühlt sich niemandem unterlegen. Aber trotzdem ist es demütig und fühlt sich niemandem überlegen. Es hat erkannt, dass alle das gleiche Selbst darstellen, den gleichen Geist, nur in unterschiedlichen Ausprägungen.

Das ist der grundlegende Unterschied zwischen Objektbezug und Selbstbezug (die Definition über das, was ich haben oder das, was ich bin.) Bei Selbstbezug erlebt man sein wahres Wesen, das keine Angst vor Herausforderungen hat, gegenüber allen Menschen Respekt hegt und sich niemandem unterlegen fühlt. Selbstmacht ist daher die wahre Macht.

Absicht ist die wahre Kraft hinter einem Wunsch. Absicht allein ist stark, weil Absicht einen Wunsch ohne Bindung an den Ausgang darstellt. Wünsche allein sind schwach!

Wenn man lernt, die Kraft der Absicht nutzbar zu machen, kann man alles, was man begehrt, erschaffen. Mit Mühe und Anstrengung gewinnt man ebenfalls Resultate, aber zu einem hohen Preis. Dieser Preis heißt Stress, Herzinfarkt und ein angegriffenes Immunsystem. Es ist daher viel besser, in einem gesunden Einklang mit sich selbst zu sein und partiell auf Erlebnisse, Anerkennungen für das, was man leistet, zu verzichten, um im Gleichgewicht zu leben und zu erleben. Anerkennung ist überdies eine versteckte Form der Manipulation.

Das Geheimnis des Loslassens

Loslassen bedeutet, dass, um im physischen Universum etwas zu erreichen, man jegliche Bindung daran aufgeben muss. Das bedeutet aber nicht, dass man seine Absicht aufgibt, einen Wunsch zu realisieren. Man gibt lediglich seine Bindung an das Ergebnis davon auf und nimmt Abstand ein. Das ist sehr wirksam. In dem Augenblick, in dem man seine Bindung an ein Ergebnis fahren lässt und die gezielte Absicht gleichzeitig kombiniert mit Loslassen, erhält man genau das, was man ersehnt hat. Man kann alles, was man will, durch Loslassen erreichen. Loslassen beruht auf dem bedingungslosen Glauben an die Kraft des eigenen wahren Selbst.

Bindung hingegen beruht auf Angst und Unsicherheit und das Bedürfnis nach Sicherheit beruht auf der Unkenntnis vom wahren Selbst. Die Quelle von Reichtum und Überfluss, von allem in der physischen Welt ist das Selbst, das Bewusstsein, das weiß, wie man alle Bedürfnisse erfüllt.

Bindung entstammt einem Armutsbewusstsein, denn man bindet sich an Symbole. Loslassen ist gleichbedeutend mit Wohlstandsbewusstsein, denn durch Loslassen erfolgt die Freiheit zu erschaffen. Denn nur, wenn Abstand und Desidentifikation erreicht sind, sind wir frei, in eine neue, kreative und höhere Sphäre des Bewusstseins vorzudringen. Nur aus distanziertem Engagement heraus kann man Lachen und Freude erleben. Dann werden auch die Symbole für Reichtum spontan und mühelos erschaffen. Sie kommen und gehen und sind ständig in Bewegung, in der Veränderung.

Ohne Loszulassen sind wir Gefangene unserer Hilflosigkeit, den weltlichen Bedürfnissen, unseren Überzeugungen und Standpunkten, die unverändert unsere Lebensweisen prägen, den deutlichen Anzeichen für eine mittelmäßige Allerweltsexistenz und einem Armutsbewusstsein ausgeliefert.

Das Geheimnis der Unsicherheit

Wahres Wohlstandbewusstsein ist gleichbedeutend mit der Fähigkeit, jederzeit und mühelos alles zu haben, was man will. Um in einer solchen Erfahrung verwurzelt zu sein, muss man in Unsicherheit verankert sein. In dieser Unsicherheit findet man die Freiheit, alles zu erschaffen, was man will. Hierdurch dokumentiert sich, alles zu haben, alles zu erleben, alles zu genießen, alles zu erfahren, aber dennoch an nichts festzuhalten.

Der Mensch sucht ständig Sicherheit, aber er stellt sehr schnell fest, dass diese Sicherheit tatsächlich eine sehr flüchtige Sache ist. Gerade Bindung an Geld ist ein Zeichen von Unsicherheit. Die Suche nach der

Sicherheit ist eine Illusion. Sicherheit und Gewissheit sind nichts anderes als eine Bindung an das Bekannte. Das Bekannte ist unsere Vergangenheit, geprägt von Erlebnissen, Überzeugungen, Verhaltensweisen und Manipulationen anderer. Das Bekannte ist nichts anderes als das Gefängnis der vorangegangenen Konditionierung. Darin liegt keine Evolution. Und wenn keine Evolution möglich ist, herrschen Stagnation, Entropie, Unordnung und Verfall.

Unsicherheit hingegen ist der fruchtbare Boden reiner Schöpfungskraft und Freiheit. Das Unbekannte ist das Feld aller Möglichkeiten, stets frisch, allzeit neu, immer offen für die Schöpfung neuer Manifestationen. Ohne Unsicherheit und Unbekanntes ist das Leben bloß eine schale Wiederholung abgetragener Erinnerungen. Man wird zum Opfer der Vergangenheit und man wird heute von dem eigenen früheren Ich gequält. Lass das, was du jetzt bist, nicht dem im Weg stehen, was du werden könntest. Denn genau das ist es, was die meisten von uns Menschen tun. Sie stehen sich selbst im Wege. Sie versuchen ständig zu konservieren (konservativ) und für alles, was sie erwarten, eine Garantie zu erhalten. Doch dieser Preis ist hoch. Der Preis der Garantie ist das Schloss des Lebensgefängnisses, in dem wir sitzen.

Gibt man seine Bindung ans Bekannte auf und begibt sich damit ins Unbekannte, dann betritt man das Feld aller Möglichkeiten. In dieser Bereitschaft, ins Unbekannte einzutreten, gewinnt man die Weisheit der Unsicherheit. Das bedeutet, dass man in jedem Augenblick des Lebens Aufregung, Abenteuer und Geheimnis erlebt.

*Es gibt solche und solche Ziele,
für die man Gas geben sollte.*

*Die meisten Menschen haben gelernt, dass es
wichtig ist, sich Ziele zu setzen, aber nur
wenige wissen, dass es sowohl richtige und
falsche Ziele als auch angemessene und
unangemessene Methoden der Zielsetzung gibt.*

Das „Nein" in der Beratung

Vom Verkauf zur Beratung. Zunächst muss die Beratung „verkauft" werden.

Beratung in Deutschland? Findet in 95 Prozent aller Fälle nicht statt. Produktqualität: unterschiedlich. Erfüllung auf den Bedarfsfall hin: manchmal. Hilflosigkeit in der Finanzlandschaft der Investoren ist an der Tagesordnung. Irrationales Verhalten zum Thema Geld? Ja, ist garantiert. Empfehlung: Trennen Sie Ihre Emotionen von Ihrem Geld, bevor Ihre Emotionen Sie von Ihrem Geld trennen.

Wer als Berater festhalten möchte, muss bereit sein, loszulassen. Leicht gesagt, schwer getan. Wohl wahr. Nicht jeder Interessent kann Kunde werden. Wahrhaftigkeit und Umsetzbarkeit der zu untersuchenden Umstände sind Grundlage für eine faire Beratung. Vertrauen und Preis-Leistungsverhältnis spielen weiterhin eine gravierende Rolle. Oft ist der Interessent nicht ehrlich. Er will den Berater „testen", ihn ausfragen, möglichst viele, kostenlose Informationen erhalten. Hier entstehen täglich in unseren Schalterhallen, Beratungsgesellschaften und bundesdeutschen Wohnzimmern erhebliche selbst herbeigeführte Misstrauensmomente. Natürlich, der Horror für jeden guten Berater ist ein schlecht fundiertes Halbwissen des Mandanten, welches immer gern zur Schau getragen wird. Oder „Mein Schwiegervater ist Banker ..."

Sicher kennen Sie folgende Situation: „Wenn Sie „Nein" sagen, Herr Kunde, dann bleibt alles unverändert. Wenn Sie sich zu einem „Ja" entschließen, haben Sie die Chance eine Veränderung zu erleben ..." Wie diese Veränderung aussieht, kann niemand sagen, denn wir versuchen nur die festgestellten Bedürfnisse und Lebensziele zukunftsorientiert in eine Form zu bringen, um sogar sich verändernden Bedürfnissen gerecht zu werden. Ja, hier wird die Zukunft in das Hier und Jetzt projiziert.

Wer berät und wie wird beraten? Der Steuerberater als verlängerter Arm der Finanzämter in Steuerfragen ist geschützt durch die Kammern etc. Der Jurist unterliegt den Richtlinien des Rechtsberatungsgesetzes und der BRAGO. Beide vorstehend genannten „Berater" üben ihre Tätigkeit recht gelassen aus, denn Gebührenordnungen und Gesetzesgrundlagen schützen diese Berufsbilder weitestgehend.

Assekuranz, Bank und Vermögensanlagen werden seit Jahrzehnten in Deutschland verkauft. Eine Gesetzesgrundlage in diesen Bereichen gibt es nicht. Auch ein ganzheitliches Berufsbild ist nicht gegeben. Somit hat nahezu jeder Bürger Zugang zu diesen Branchen, auch ohne ausreichende Qualifikation. Hier prägen die oft undurchsichtigen Provisionen das Verkaufsgeschehen. Die Motivation des Verkäufers steht in einem oft gefährlichen Widerspruch zur Produktqualität und Eignung für den Hilfesuchenden.

Wir Deutschen sind ein sparsames Volk. Das ist gut, denn Sparen ist die Bejahung des eigenen Lebens. Es dokumentiert ferner eine positive Haltung gegenüber einer ungewissen und sich ständig verändernden Zukunft. Risiken wollen abgesichert sein und die Versorgung im Alter wird ernster genommen als Jahre zuvor. Die Wirtschaftsmacht der Versicherer bestätigt das.

Produktanbieter unterschiedlichster Couleur sind angetreten, um die Gunst des Investors zu wetteifern. Die Bundesaufsichtsämter sollen für korrekte Produkte sowie deren Qualität und Seriosität geradestehen. Mit dem sich intensivierenden Wettbewerb und steigender Arbeitsleistung werden langfristige Ziele erfahrungsgemäß immer schwerer erreicht. Es bedarf deshalb eines wachsenden Arsenals zunehmend effizienter Mittel, sofern ein Mensch nicht in bloßen Wunschvorstellungen, in Ansprüchen oder in „Aussichten" verharren will.

Eine qualifizierte und vollhaftende Beratung ist hierzulande schwer zu bekommen. Interessenkonflikte zwischen Käufer und Verkäufer (oder besser zwischen dem Mandanten und seinem Berater) prägen das Bild. Zu diesem Thema sind in den letzten Jahren diverse Kommentare und Beurteilungen in der Presselandschaft publiziert worden. Dennoch, es scheint, dass etwas Grundlegendes nicht erwähnt wird: Die Betrachtung des reellen Preises für eine Dienstleistung. Es gibt kaum etwas auf dieser Welt, das nicht irgendjemand ein wenig schlechter machen und etwas billiger verkaufen könnte. Das Gesetz der Wirtschaft verbietet es, für wenig Geld viel Wert zu erhalten.

Natürlich, Sie gehen zu fünf Ärzten und haben inklusive Ihrer eigenen sechs Diagnosen. Auch in der Finanzbranche können alle Analysen, steuerlichen Betrachtungen und EDV-Auswertungen die persönliche Beratung nicht ersetzen. Die Beratungsgrundlage in der Finanzdienstleistung sollte konfliktfrei ablaufen. Hierzu sind Grundlagen notwendig. Der Mandant muss die Seriosität des Beraters erkennen können. Der Berater muss unbedingt vor der Beratung seine Vergütung offen legen und hierzu klare Verhältnisse schaffen. Erst wenn der Mandant den Beratungsauftrag erteilt hat und der Berater den Umfang grob erkennen kann, darf in das Gespräch eingestiegen werden. Wird pauschal berechnet, wird auf Stundenbasis vergütet? Sind gegebenenfalls in den zu empfehlenden Produkten Provisionen eingearbeitet, die die Verträge belasten? Hier ist glasklare Transparenz gefordert. Nur so kann der qualifizierte Berater seine Leistung unter Beweis stellen. Wird es notwendig, weiteres Know-how hinzuzuziehen?

Handelt es sich um eine partielle oder gar um eine ganzheitliche Beratung? Achtung, sobald der Berater in dem Gespräch seine Chance erkennt und zum Verkäufer wird, steht der weitere Verlauf auf unsicheren Beinen. Eine der meisten Gefahren, welche in der Beratung lauert: Der Berater unterschätzt seinen Mandanten! Der Berater ist leicht geneigt „Fachwissen" zu präsentieren, um seine Qualität unter Beweis zu stellen. Erziehen Sie sich Ihre Mandanten! Bei sichtbaren Vorwänden oder einer Nichtbereitschaft zur Beratungskooperation beenden Sie das Gespräch höflich und bestimmt.

Der „Nasenbereich" muss stimmen. Der Mandant muss Vertrauen haben und bereit sein, die Informationen des Beraters anzunehmen. Wenn verschiedene nicht ausräumbare Probleme entstehen, geben Sie als Berater dem Kunden ein klares „Nein". Ja, lehnen Sie die Beratung und Vermittlung konsequent ab. Schließen Sie Ihre Unterlagen und verabschieden Sie sich von dem Kunden. Eine klare Abgrenzung für den Berater ist eminent wichtig. Die hierzulande üblichen Provisionsschiebereien von Vermittlern und Powersellern haben dem Bürger leider das Gefühl vermittelt, er könne ja woanders ebenso Beratung und Produkt erhalten und dieses noch zu „günstigeren Konditionen". Leider hat nur einer die Zeche zu zahlen, nämlich der Kunde. Ein Berater, dessen Investor, Kunde oder Mandant nicht erkennt, welche Vorteile ihm aus der Beratung erwachsen und dass die weitergehende Betreuung für ihn sehr wichtig ist, wird, wenn der Berater diesen trotzdem „aufnimmt", noch in der kommenden Zeit eine Menge Probleme bereiten. Spätestens dann wird das verdiente Honorar oder die Provision in keinem gesunden Verhältnis mehr zur Beratung stehen. Hier zahlt der Berater drauf. Es sei denn, für weitergehende Beratung und Betreuung wurde zuvor eine Honorarvereinbarung getroffen. Und wenn der Mandant die Rechnung nicht bezahlt …? (Bitte wenden Sie sich an Ihr Inkassobüro.) Der Berater wird sich wundern, wenn er seinen Beratungsnachweis überprüft, was an effektiven Kosten entstanden ist.

Es ist eine sehr interessante Tätigkeit als Finanzdienstleister tätig zu sein. Wer durchdrungen von seiner Tätigkeit ist und im Stande ist, eine qualifizierte Beratung mit allen notwendigen Hilfsmitteln durchzuführen, kann gar nichts anderes als Erfolg haben. Es ist eine wundervolle Aufgabe, unseren Mitbürgern Zugang zu Informationen zu verschaffen, die zu einer wesentlichen Verbesserung ihrer künftigen wirtschaftlichen Situation beitragen. Derjenige, der an einen guten Berater gerät, kann sich beglückwünschen. Seien Sie sich über Ihre Qualitäten im Klaren. Seien Sie auch bereit für ein Nein in der Beratung.

Freiheit bedeutet für mich einen Überfluss an Zeit und Geld bis zu dem Grad, dass beide nicht länger Thema in meinem Leben sind.

Ich will die Freiheit, mein Leben so zu leben, wie es gelebt werden will, und nicht aus der Notwendigkeit heraus, genügend Geld verdienen zu müssen, damit ich die Rechnungen für den nächsten Monat bezahlen kann.

Ich werde mir meiner Begrenzungen bewusst, die entweder anerzogen sind oder die ich mir auferlegt habe. Ich werde sie auflösen, damit diese nicht länger dem im Wege stehen, das zu leben, was meinem inneren Wesen entspricht.

Ich will die Freiheit haben, dahin zu gehen, wohin ich will, wann ich will und wie ich will. Ich will ein Einkommen haben, das den Menschen, die mit mir in Verbindung stehen, die Umgebung gewährleistet, in der diese sich mit ihrem gesamten Potenzial entfalten können.

Ich werde niemals auch nur ein einziges Wort darüber hören, dass jemand Geld in meinem Geschäft verloren hat. Hierbei handelt es sich um meine kompromisslose Integrität als auch um das Ausschalten von Risiken, die in jedem Geschäft, was ich tätige, enthalten sind.

Ich wage es, Träume zu haben, und habe hieraus meine echte Kreativität, die als ein Tun, was aus dem Sein kommt, hervorgeht. Hieraus entwickelt sich mein gesamtes Handeln.

Ich habe, weil ich gebe.

3.8 Überzeugung und Indoktrination

Standpunkte setzen sich aus Überzeugungen zusammen. Es ist einfacher zu beobachten, was Menschen glauben, als es sich von ihnen erzählen zu lassen. Menschen, die behaupten, etwas Bestimmtes zu glauben, und dennoch etwas anderes erfahren, sprechen im Allgemeinen davon, was sie ihrer Meinung nach glauben sollten, und nicht von dem, was sie tatsächlich glauben. Ohnehin ist festzustellen, dass der Glaube, den die Menschen an etwas vorgeben zu haben, mit der Wahrheit im Allgemeinen nichts gemeinsam hat.

- Die Belohnung für Erfahrung ist Weitsicht, alles andere ist nur Information.

Die meisten Menschen haben gelernt, dass es wichtig ist, sich Ziele zu setzen, aber nur wenige wissen, dass es sowohl richtige und falsche Ziele als auch angemessene und unangemessene Methoden der Zielerreichung gibt.

- Lass das, was du heute bist, nicht dem im Wege stehen, was du morgen werden könntest.

- Wenn du dem Weg eines anderen folgst, wirst du zu dem, was er ist, nicht zu dem, was du bist.

3.9 Die Finanzlandschaft wird sich verändern

Immobilien

Die heutige Lage des Immobilienmarktes ist bedrückend, weil:

- Großinvestoren dringenden Verkaufsbedarf zur Liquiditätsbeschaffung haben,
- Banken nicht mehr so großzügig finanzieren wie früher,
- die Steuervorteile abgebaut werden beziehungsweise verschwinden,
- Unternehmen ihren Immobilienbestand verkaufen,

- Pensionskassen und Versicherungsgesellschaften bis in die jüngste Zeit fast ausschließlich direkt (über Wohnungen) oder indirekt (über Hypotheken) investiert waren, nun aber die Vermögensbestände verteilen,

- die Erbengeneration überdurchschnittlich mit Immobilienbeständen gesegnet ist und einerseits für die nun höhere Erbschaftssteuer und andererseits zur Erhöhung des Lebensstandards benötigt wird,

- in den Banktresoren riesige Immobilienbestände lagern, die man wegen Ausfall der Hypotheken hereinnehmen muss und die nach Möglichkeit recht bald am Markt losgeschlagen werden sollen,

- oft überhöhte Innen- und Außenprovisionen die Rendite erheblich schmälern.

Schiffsbeteiligungen, Umweltfonds, Flugzeugleasing, Filmbeteiligungen, Kraftwerkbeteiligungen und andere Steuerentlastungsmodelle

Die heutige Lage ist auch hier bedrückend, weil:

- Verlustzuweisungen abgebaut werden,

- Unsicherheiten in den Projekten sich zunehmend breit machen,

- der Investor ein bewegliches und fungibles Investment braucht,

- die Bundesregierung alle Steuerschlupflöcher schließen wird,

- auch gut verdienende Bürger zunehmend ungern in Risiken investieren,

- die Nettorendite aus Wertzuwachs und Wertschöpfung zunehmend im Vordergrund stehen wird.

Steuergestaltung mit Investmentfonds

Ein völlig unterschätzter Vorteil bei Investmentfonds ist die Tatsache, dass der Wertzuwachs bei bestimmten ausgesuchten Fonds steuerfrei zufließt, sofern Gelder aus Privatvermögen angelegt wurden. Es hängt in erster Linie damit zusammen, dass bei Investmentfonds nur „ordentliche Erträge" steuerpflichtig sind; Kursgewinne, Währungsgewinne, die ein Fonds erwirtschaftet, bleiben steuerfrei.

Zur Zeit (Stand März 2002), sind in der Bundesrepublik Deutschland etwa 6.600 Investmentfonds zum Vertrieb beim Bundesaufsichtsamt zugelassen. Diejenigen Fonds, bei denen die Erträge nach der Spekulationsfrist (ein Jahr und ein Tag) steuerfrei zufließen, reduzieren sich hingegen auf wenige ausgesuchte. Nachstehend einige Einflussfaktoren, die entscheidend sind bei ausgewählten Fonds niedrig sind:

- Einige Investmentfonds halten im Vergleich zu anderen wenig liquide Mittel. Das heißt, dass der Fonds besonders hoch, etwa zwischen 95 und 99 Prozent des Gesamtvolumens, in das ausgerichtete Marktsegment investiert ist. Mittelzuflüsse werden sofort investiert. Das hat neben dem Vorteil, alle Chancen der Märkte mitzuerleben und eine attraktive Wertentwicklung zu erzielen, auch noch den Vorteil, dass sehr wenige steuerpflichtige Zinserträge anfallen.

- Investiert die Fondsgesellschaft zudem noch in so genannte Wachstumswerte, bei denen die steuerpflichtigen Dividenden gering sind, reduziert dieses die Steuerpflicht der Erträge ebenfalls.

- Zudem spielen die Kosten der Fondsverwaltung eine erhebliche Rolle. Bei den meisten Fondsgesellschaften liegen diese bei etwa 0,8 bis zwei Prozent. Je höher diese sind, desto besser! Hieraus entsteht die Möglichkeit diese Verwaltungskosten mit den ohnehin geringen Zins- und Dividendenerträgen zu verrechnen. Diese können als Betriebsausgaben mit den steuerpflichtigen Erträgen des Fonds ausgeglichen werden.

Diese drei Faktoren haben zur Folge, dass bei einigen ausgewählten Investmentfonds die Erträge der vergangenen Jahre sogar negativ waren.

Wer also ganz korrekt vorgehen möchte, hat die Möglichkeit die anfallenden Negativbeträge des Fonds als negative Einnahmen in der Anlage KSO seiner Steuererklärung anzugeben und dadurch zusätzlich Steuern zu sparen.

Achten Sie bei der Auswahl von Investmentfonds auf die Art und Weise, wie investiert und gemanagt wird. Bei der Komplexität der

Fondsbranche sei darauf hingewiesen, dass ohne qualifizierte Beratung eine eigene Auswahl kaum beziehungsweise nicht möglich ist.

Die unterschiedlichen Fonds haben sehr unterschiedliche Managementansätze. Darüber hinaus ist der Investmentstil der Gesellschaft und des jeweilig verantwortlichen Managers entscheidend.

Grundsätze und Einflussfaktoren auf die Wertentwicklung und auf die steuerpflichtigen Erträge des Fonds:

- Ansatz (Bottom up/top down)
- Orientierung am Index
- Aktiv geführt/passiv geführt
- Streuung global/national/regional
- Barmittel/Cash
- Finanzinstrumente/Derivate
- Hedging
- Währungen
- Wertzuwachsorientiert
- Kapitalerhaltorientiert
- Value/Growth
- Small Caps
- Blue Chips
- Mid Caps
- Branchen
- Themen
- Zielfonds
- Mischfonds
- Vertrieb (Spezialisten/Retail/Discount)
- Manager (Team/allein verantwortlich)
- Investoren (Institutionen/Private)

Darüber hinaus sei darauf hingewiesen, dass sehr entscheidend ist, wie die Investmentgesellschaft ihre Fonds vertreibt. Kommen beispielsweise viele Beträge, die schlecht oder nicht beraten wurden, in den Fonds, muss die Fondsgesellschaft immer damit rechnen, kurzfristig Beträge wieder auszuzahlen. Dieses führt nicht nur dazu, dass die Fondsgesellschaft Barmittel halten muss, sondern halten den Fondsmanager an, zu überlegen, wie hoch er wirklich investieren kann. Die oben genannten Faktoren wie Value oder Growth spielen eine große Rolle.

Diese vorstehend genannten Faktoren, wobei diese keinen Anspruch auf Vollständigkeit erheben, haben direkten Einfluss auf die Wertentwicklung und auf die steuerpflichtigen Erträge, die aus der Zusammensetzung und dem Management des Fonds hervorgehen.

4. Steuerliches und Rechtliches

Die gesetzlichen Vorschriften, welche die Grundlage für die Besteuerung der Erträge aus Investmentfonds darstellen, sind in den §§ 38 ff. des Gesetzes über Kapitalanlagegesellschaften und den §§ 16 ff. des Auslandsinvestment-Gesetzes geregelt. Nachstehend einige Grundsätze, die bei Investmentfonds beachtet werden müssen, die im Privatvermögen gehalten werden. Investmentfonds, die im Betriebsvermögen gehalten werden, sind gesondert zu behandeln.

Besteuerung der Erträge aus Investmentfonds im Privatvermögen

Auslandsfonds/Inlandsfonds

Die nachfolgend besprochenen Details beziehen sich nur auf Investmentfonds, die in Deutschland zum Vertrieb zugelassen sind. Kapitalanleger, die Fonds ohne eine deutsche Vertriebs- oder Börsenzulassung kaufen, werden steuerlich diskriminiert. Denn bei diesen Fonds gehören auch die Veräußerungsgewinne zu den steuerpflichtigen Erträgen (§§ 17 Abs. und 18 Abs. 1 und 2 AuslInvG) und bei denjenigen Auslandsfonds, die in Deutschland nicht einmal einen Fiskalvertreter bestellt haben, werden die steuerpflichtigen Erträge sogar geschätzt (§ 18 Abs. 3 AuslInvG). Die Inhaber solcher Investmentanteile müssen 90 Prozent des Mehrbetrags versteuern, der sich aus dem Vergleich zwischen dem ersten und dem letzten Rücknahmepreis eines Kalenderjahres für diesen Investmentanteil ergibt. Zusätzlich sind alle Ausschüttungen voll steuerpflichtig. Mindestens werden jedoch 10 Prozent des letzten im Kalenderjahr festgesetzten Rücknahmepreises – neben den Ausschüttungen – als Einkünfte aus Kapitalvermögen angesetzt. Die Steuerbelastung bei diesen Fonds ist so hoch, dass ein Erwerb völlig uninteressant ist. Im Zweifel gibt das Bundesaufsichtsamt für das Kreditwesen, Graurheindorfer Straße 108, 53117 Bonn, Auskunft; dort wird eine Liste der vertriebsberechtigten Fonds geführt.

Ausschlaggebend für die Besteuerung der Fonds ohne Vertriebsberechtigung ist nicht das Geschäftsjahr des Fonds, sondern das Kalenderjahr. Wer seine Anteile vor dem 31. Dezember verkauft, muss einen Zwischengewinn in Höhe von 20 Prozent des Verkaufserlöses versteuern (§ 18 Abs. 3 Satz 4 AuslInvG). Dadurch kann in manchen Fällen ein Teil der konfiskatorischen Besteuerung vermieden werden.

Sparer-Freibetrag und Werbungskosten-Pauschale

Steuerpflichtige, deren Kapitalerträge 1.550 Euro im Jahr bei Alleinstehenden bzw. 3.100 Euro im Jahr bei Verheirateten nicht übersteigen, brauchen in der Einkommensteuererklärung keine Einzelangaben zu machen. Es genügt dann ein Kreuz in Zeile 31 der Einkommensteuererklärung. Diese Erleichterung führt bei der Mehrzahl aller Steuerpflichtigen dazu, dass keine Berechnung der Erträge aus Investmentanteilen erforderlich ist. Darüber hinaus bleiben bei Arbeitnehmern bzw. Arbeitnehmer-Ehegatten, die neben den Kapitalerträgen nur Einkünfte aus nichtselbstständiger Arbeit haben, bis zu 410 Euro Kapitalerträge nach § 46 Abs. 3 EStG steuerfrei. Wird diese Freigrenze überschritten, tritt eine Übergangsregelung in Kraft, die zu einer ermäßigten Besteuerung der ersten 820 Euro der Einkünfte aus Kapitalerträgen führt (§ 70 EStDV).

Ordentliche Erträge

Investmentfonds werden steuerlich als Zweckvermögen behandelt; sie sind von der Körperschaft- und Gewerbesteuer befreit (§ 38 Abs. 1 KAGG). Die ordentlichen Erträge eines Investmentfonds sind beim Anleger als Einkünfte aus Kapitalvermögen einkommensteuerpflichtig. Das gilt unabhängig davon, ob die Erträge ausgeschüttet oder thesauriert werden. Aufgrund des § 39 KAGG gehören alle Erträge eines Investmentfonds zu den Dividendenerträgen im Sinne des § 20 Abs. 1 Nr. 1 EStG. Das ist vorteilhaft, weil dadurch bei allen Erträgen eines Investmentfonds der Sparer-Freibetrag zum Abzug kommt.

Zu den steuerpflichtigen Erträgen eines Investmentfonds gehören Zins- und Dividendenerträge, Erträge aus Termingeschäften, die innerhalb von einem Jahr vom Fonds realisiert werden, sowie Gewinne aus der Veräußerung von Immobilien, die vom Fonds innerhalb von zehn Jahren realisiert werden.

Steuerfrei bleibt der Wertzuwachs des Fondsvermögens, etwa der Wertzuwachs aufgrund steigender Aktienkurse. Außerdem bleiben Veräußerungsgewinne steuerfrei, die vom Fonds aus dem An- und Verkauf von Wertpapieren erwirtschaftet werden (§ 40 Abs. 1 KAGG). Das ist ein großer Vorteil, weil dadurch die Rendite bei vielen Aktienfonds in voller Höhe steuerfrei zufließt. Denn die Fonds dürfen mit den ordentlichen Erträgen die innerhalb des Fonds anfallenden Verwaltungskosten verrechnen, so dass als Ergebnis in vielen Fällen nur der steuerfreie Anteil der Erträge übrig bleibt.

Neu ist insoweit, dass die Ausschüttungen der inländischen Aktienfonds wegen des Halbeinkünfteverfahrens ab 2002 nur noch zur Hälfte einkommensteuerpflichtig sind, während die Ausschüttungen der ausländischen Investmentfonds unverändert in voller Höhe besteuert werden (§ 40 Abs. 2 KAGG bzw. § 17 Abs. 1, 2 und 2b AuslInvG in Verbindung mit § 3 Nr. 40 EStG). Diese Änderung ist aber nur für Besitzer von Aktienfonds von Bedeutung, bei denen überhaupt Ausschüttungen anfallen. Bei Aktienfonds, die keine steuerpflichtigen Erträge erwirtschaften und die deshalb auch keine Ausschüttungen vornehmen – etwa bei einem Depot aus mehreren Aktienfonds von Fidelity Investments – fallen wie bisher keinerlei steuerpflichtigen Erträge an.

Zwischengewinne

Wer Investmentfonds kauft, kann die Zwischengewinne, die in der Zeit vom Geschäftsjahresanfang des Fonds bis zum Kauftermin entstanden sind, als negative Einnahmen aus Kapitalvermögen abziehen. Dementsprechend müssen bei einem Verkauf die Zwischengewinne, die in der Zeit vom Geschäftsjahresanfang des Fonds bis zum Verkaufstermin entstanden sind, als Einnahmen angesetzt werden. Die Zwischengewinne werden in den Kauf- und Verkaufsabrechnungen über die Investmentanteile gesondert ausgewiesen.

Ausschüttungen/ausschüttungsgleiche Erträge

Bei der Besteuerung der Erträge aus Investmentfonds muss zwischen den Ausschüttungen und den ausschüttungsgleichen Erträgen unterschieden werden. Bei den ausschüttungsgleichen Erträgen handelt es sich um die im Fonds thesaurierten, noch nicht besteuerten ordentlichen Erträge. Wer Fondsanteile am Ausschüttungstag besitzt, muss die Ausschüttungen als Einkünfte versteuern. Wer Fondsanteile am Tag des Geschäftsjahresendes des Fonds im Besitz hat, muss die ausschüttungsgleichen Erträge versteuern. Die Ausschüttungen, ausschüttungsgleichen Erträge und Zwischengewinne müssen als positiver oder negativer Saldo in der Anlage KAP zur Einkommensteuererklärung eingetragen werden. Die Ausschüttungen und ausschüttungsgleichen Erträge ergeben sich aus der Steuerbescheinigung, die der Anleger von seiner Bank bzw. von der Kapitalanlagegesellschaft nach Ablauf des Kalenderjahres erhält.

Private Veräußerungsgeschäfte (ehemals Spekulationsgeschäfte)

Auch bei Investmentfonds, die im Privatvermögen gehalten werden, können steuerpflichtige Veräußerungsgewinne entstehen, wenn Fondsanteile innerhalb von zwölf Monaten an- und verkauft werden und wenn die Freigrenze von 511,99 Euro im Kalenderjahr überschritten wird. Damit es nicht zu einer Doppelbesteuerung kommt, wird der Veräußerungsgewinn in diesem Fall um die in der Zwischenzeit angefallenen Ausschüttungen und Zwischengewinne bereinigt, die vorrangig zu den Einkünften aus Kapitalvermögen gehören.

Der steuerpflichtige Veräußerungsgewinn wird bei den Investmentfonds wie folgt berechnet:

Verkaufspreis

- Verkaufskosten
- Anschaffungskosten
+ Zwischengewinne aus dem Ankauf der Investmentanteile
- Zwischengewinne aus dem Verkauf der Investmentanteile
- Ausschüttungsgleiche Erträge

= Steuerpflichtiger Veräußerungsgewinn

Private Veräußerungsgewinne sind nur steuerpflichtig, wenn der positive Saldo aus allen steuerpflichtigen Veräußerungsgewinnen und -verlusten eines Kalenderjahres mindestens 512 Euro beträgt (§ 23 Abs. 3 EStG). Steuerpflichtige Veräußerungsgewinne, die im Jahr 2001 nach Abzug der Verluste des laufenden Jahres übrig bleiben, werden in der Anlage SO als „Sonstige Einkünfte" deklariert. Verbleibende Verluste werden in das Jahr 2000 zurückgetragen und mit den Gewinnen aus privaten Veräußerungsgeschäften des Jahres 2000 verrechnet. Danach nicht verbrauchte Verluste werden gesondert festgestellt und in die Folgejahre vorgetragen. Wenn im ersten Jahr nach dem Kauf eines Investmentfonds hohe Kursverluste eintreten, sollte geprüft werden, ob es zweckmäßig ist, diese Fondsanteile (vorübergehend) zu verkaufen, da die realisierten steuerpflichtigen Veräußerungsverluste dann im Jahr des Verkaufs, im Vorjahr und/oder in den Folgejahren mit steuerpflichtigen privaten Veräußerungsgewinnen verrechnet werden dürfen.

Das Halbeinkünfteverfahren gilt für steuerpflichtige Veräußerungsgewinne aus dem Verkauf von Anteilen eines Investmentfonds im Privatvermögen nicht (§ 40a Abs. 2 KAGG). Hinsichtlich der Besteuerung der privaten Veräußerungsgeschäfte in Verbindung mit Investmentfonds hat sich also durch das Steuersenkungsgesetz nichts geändert.

Zinsabschlag, Kapitalertragsteuer, Körperschaftsteuer

Von den Erträgen der Investmentfonds, die im Inland verwahrt werden, ziehen die Banken bzw. Kapitalanlagegesellschaften diverse Quellensteuern ab. Diese Quellensteuern werden bei der Einkommensteuerveranlagung als vorausbezahlte Steuern angerechnet. Wenn in der Steuerbescheinigung eines Kreditinstituts oder einer Fondsgesellschaft die Posten „anrechenbare Kapitalertragsteuer" oder „anrechenbare Körperschaftsteuer" auftauchen, lohnt es sich in jedem Fall, die Anlage KAP auszufüllen, da sich die Einkommensteuerschuld und der Solidaritätszuschlag durch Anrechnung dieser Steuervorauszahlung mindern. Diese Steuerabzüge, deren Berechnung in Verbindung mit dem so genannten Stückzinstopf außerordentlich kompliziert ist, können durch einen Freistellungsauftrag bzw. durch eine NV-Bescheinigung vermieden werden.

Ausländische Quellensteuern

Ausländische Quellensteuern, die beim Zufluss ausländischer Dividenden und Zinsen einbehalten und dem Fonds nicht erstattet wurden, werden dem Anleger bei seiner Einkommensteuererklärung ebenfalls als vorausbezahlte Steuern angerechnet (§ 40 Abs. 4 KAGG). Wenn in der Steuerbescheinigung des Kreditinstituts bzw. der Fondsgesellschaft „anrechenbare ausländische Quellensteuern" ausgewiesen werden, muss bei der Erstellung der Einkommensteuererklärung neben der Anlage KAP auch die Anlage AUS ausgefüllt werden. In diesem Fall kann der Anleger zwischen zwei Varianten wählen. Er kann sich einerseits die ausländische Quellensteuern – wie die Kapitalertragsteuer und Körperschaftsteuer – auf seine deutsche Einkommensteuerschuld anrechnen lassen. Eine Anrechnung ausländischer Quellensteuer erfolgt allerdings nur, soweit für die Kapitalerträge deutsche Steuern festgesetzt werden. Wenn die Kapitalerträge bei einem Aktienfonds Null Euro betragen oder geringer sind als der Sparer-Freibetrag, erfolgt keine Anrechnung ausländischer Quellensteuern (§ 34c EStG, Abschnitt 212a–d EStR). Alternativ kann der Anleger den Abzug der ausländischen Quellensteuern (wie Werbungskosten) beantragen. Die letztgenannte Variante ist zum Beispiel dann vorteilhaft, wenn der Anleger in dem betreffenden Kalenderjahr Verluste gemacht hat, weil sich dann der Verlustvortrag erhöht.

Einkunftsermittlung

In der Praxis wird man bei der Erstellung der Einkommensteuererklärung für einen Kapitalanleger, der Investmentfonds besitzt, ein vereinfachtes Verfahren anwenden, um den Arbeitsaufwand in Grenzen zu halten. Dabei kann zum Beispiel wie folgt vorgegangen werden:

- Erster Schritt: Übernahme der steuerpflichtigen Erträge und Steueranrechnungsbeträge aus den Steuerbescheinigungen der Depotbank bzw. Kapitalanlagegesellschaft in die Anlagen KAP und AUS.

- Zweiter Schritt: Ermittlung der Summe der Zwischenergebnisse aus den Kaufabrechnungen des betreffenden Kalenderjahres und Abzug dieses Betrages als negative Einnahmen in den Zeilen 6 bzw. 20 der Anlage KAP, soweit diese Beträge nicht in den oben genannten Steuerbescheinigungen enthalten sind.

▪ Dritter Schritt: Ermittlung der Summe der Zwischengewinne aus den Verkaufsabrechnungen des betreffenden Kalenderjahres. Dieser Betrag muss zu den Einnahmen in den Zeilen 6 bzw. 20 der Anlage KAP addiert werden, soweit diese Beträge nicht in den oben genannten Steuerbescheinigungen enthalten sind.

▪ Vierter Schritt: Prüfung, ob steuerpflichtige Veräußerungsgewinne angefallen sind. Als Gewinn die Differenz zwischen dem Verkaufserlös und den Anschaffungskosten der betreffenden Position ansetzen. Anschließend alle Spekulationsgewinne und -verluste des betreffenden Kalenderjahres saldieren und außerdem die Erträge, Zwischengewinne usw. aus diesen Investmentanteilen, die bereits als Einkünfte aus Kapitalvermögen erfasst worden sind, von dem Saldo der Spekulationsgewinne kürzen. Der Restbetrag wird dann in der Anlage SO in den Zeilen 41–49 deklariert.

Sparer-Freibetrag: Anleger mit nur geringen Kapitalerträgen bis zu 1.550 Euro/Jahr bei Alleinstehenden bzw. 3.100 Euro/Jahr bei Verheirateten brauchen in der Einkommensteuererklärung keine Einzelangaben zu machen. In diesem Fall genügt ein Kreuz in Zeile 31 der Einkommensteuererklärung. Die Erleichterung führt bei etwa 60 % aller steuerpflichtigen Anleger dazu, dass keine Berechnung der Erträge aus Investmentanteilen erforderlich ist.

Ordentliche Erträge: Grundsätzlich werden Investmentfonds steuerlich als sog. Zweckvermögen behandelt; sie sind von der Körperschaft- und Gewerbesteuer befreit (§ 38 I KAGG). Die ordentlichen Erträge eines Investmentfonds – dazu gehören zum Beispiel die Zinsen und die Dividenden – sind beim Anleger als Einkünfte aus Kapitalvermögen einkommensteuerpflichtig. Dieses bezieht sich unabhängig davon, ob die Erträge ausgeschüttet oder thesauriert werden. Grundlagen: dass alle Erträge eines Investmentfonds zu den Dividendenerträgen gehören ergeht aus § 39 KAGG und im Sinne des § 20 Abs. 1 Nr. 1 EStG. Veräußerungsgewinne, die von einem Fonds (ab 1999) nach Ablauf der Spekulationsfrist von einem Jahr erwirtschaftet werden, und der Wertzuwachs des Sondervermögens bleiben als Anlagen des Privatvermögens steuerfrei.

Ausschüttungen/ausschüttungsgleiche Erträge: Bei der Besteuerung von Investmentfonds ist zwischen den Ausschüttungen und den ausschüttungsgleiche Erträgen (= im Fonds thesaurierte, noch nicht besteuerte Zins- und Dividendenerträge) zu unterscheiden. Wer Fondsanteile am Ausschüttungstag im Besitz hat, muss die Ausschüttung als Einkünfte versteuern. Wer Fondsanteile am Tag des Geschäftsjahres des Fonds im Besitz hat, muss die ausschüttungsgleichen Erträge versteuern.

Zwischengewinne: Wer Investmentanteile kauft, kann die Zwischengewinne, die in der Zeit von Geschäftsjahresanfang des Fonds bis zum Kauftermin entstanden sind, als negative Einnahmen aus Kapitalvermögen abziehen. Entsprechend müssen bei einem Verkauf von Investmentanteilen die Zwischengewinne gesondert ausgewiesen werden.

Spekulationsgewinne: Wenn Fondsanteile innerhalb der Spekulationsfrist an- und verkauft werden, fallen trotzdem Spekulationsgewinne an. Damit es nicht zu einer Doppelbesteuerung kommt, wird der Spekulationsgewinn in diesem Fall um die in der Zwischenzeit angefallenen Ausschüttungen und Zwischengewinne berichtigt, die vorrangig zu den Einkünften aus Kapitalvermögen gehören (Schmidt, Kommentar zum EStG, 16 Aufl. Tz. 1 zu § 23 EStG).

Zinsabschlag, Kapitalertragssteuer und Körperschaftsteuerguthaben, ausländische Quellensteuern, Steuerinformationen, Einkunftsermittlung

Diese Punkte sind zur Beachtung um die steuerliche Behandlung der Erträge aus Investmentfonds nur ein kurzer Auszug. Empfehlen möchte ich an dieser Stelle dem detailliert interessierten Anleger, sich direkt beim BVI www.bvi.de in Frankfurt kundig zu machen. Unter einer Sonderrubrik der **Steuerlichen Behandlung der Erträge aus Investmentanteilen** erhält der Leser untergliedert in spezielle Themenbereiche alles geliefert, was von Belang ist zum Verständnis der richtigen Besteuerungsgrundlage:

- Besteuerung von Investmentanlagen
- Einkommensteuererklärung für das Vorjahr

- Wertpapiere
- Geldmarktfonds
- AS Fonds
- Dachfonds
- Offene Immobilienfonds
- Steuer ABC
- Fondsverzeichnis

5. IT und E-Commerce

Den Wandel als Chance begreifen!

Die Veränderungen im Finanzdienstleistungssektor sind offensichtlich. Hatten wir es gestern noch mit der traditionellen Bank (bis zum Jahr 1995) zu tun, sehen wir derzeit die Entwicklung zum virtuellen Banking. Heute (im Jahr 2002) untersuchen die Finanzdienstleister, in welchem Segment über welche Vertriebswege mit welchem Angebot und welcher Strategie diesem Trend Rechnung getragen werden kann. Der Markt wird neu verteilt, und hierfür ist es notwendig Wertschöpfungsnetzwerke zu schaffen. Unter Wertschöpfungsnetzwerken wird die Integration von Providern, die Produkte, Informationen und Prozessabwicklungen zuliefern, verstanden.

Es ist festzustellen, dass etwa 20 Prozent aller bankfähigen Kunden in Deutschland zu Hause über einen Internet-Anschluss verfügen. In etwa zwei Jahren wird sich der Online-Anteil der Bankbenutzer auf etwa 45 % erhöhen. Die Online Kunden werden direkt über Online Medien (Internet & Mobiltelefon) Bankgeschäfte abwickeln, zum Beispiel die Einrichtung von Konten, Überweisungen, Kreditgeschäfte, Aktienhandel, Kauf von Investmentfonds oder eine standardisierte Vermögensverwaltung (Dachfonds).

Den veränderten Segmentierungen der Investoren gilt es Rechnung zu tragen. Das heißt nicht, der Anbieter stellt dem Kunden vordefinierte Produkte zur Verfügung, sondern der Kunde legt das Produkt aufgrund seiner Nachfrage fest. **Internet und mobiles Banking werden in den kommenden Jahren die strategisch wichtigsten Vertriebskanäle für die Finanzdienstleistungen sein, gefolgt von der persönlichen Beratung und dem traditionellen Filialnetz.**

Nach Reorganisation des traditionellen Bankgeschäftes in die Bereiche Retail- und Private Banking setzt sich der **Multichannelvertrieb** dabei immer mehr durch. In Zukunft werden lediglich 20 Prozent der Kunden ihre Bankgeschäfte ausschließlich in der Filiale abwickeln. Weitere 20 Prozent sind reine Direktbank-Kunden. Bei der großen Masse –

rund 60 Prozent – wird es sich um Multichannelnutzer handeln, die sich bei Bedarf aus dem angebotenen Spektrum der Zugangswege denjenigen auswählen, der für ihr jeweiliges Vorhaben am besten geeignet ist. Beratungsgespräche, die ein hohes Maß an Vertrauen verlangen, finden beispielsweise im persönlichen Gespräch statt, Produktinformationen werden über das Internet oder Call Center abgerufen und Transaktionen lassen sich online abwickeln.

Hier liegt die Chance für den Finanzdienstleister der Segmentierung intelligent zu begegnen auf der Hand. Denn „*Wer nicht mit der Zeit geht, muss mit der Zeit gehen*". Durch die Schaffung und Einbeziehung des Vertriebes von Finanzdienstleistungen in die Wertschöpfungskette des Internets liegen die Vorteile offen:

- Steigerung der Kompetenz,

- Verbesserung des Service,

- Auslagerung der Administration,

- kundenfreundlicher Zugang zu Informationen,

- interaktiver Dialog mit dem Kunden,

- Steigerung des Umsatzes,

- Cross Selling von anderen Produkten,

- Entlastung des Backoffice,

- Vereinfachung der Abrechnung von Courtagen,

- Herausstellung der Kernkompetenz des Beraters.

Bei der Web Page oder einer Community sollte darauf geachtet werden, dass diese nicht nur Präsentationsmedium und Informationsquelle ist, sondern Interaktivität bietet.

Die Inhalte einer guten Web Page sind:

- Leistungsübersicht
- Konditionen
- Sicherheitsinformationen
- Geschäftskundenspezifische Informationen
- Wirtschafts- und Börsenlexikon
- Informationen zum leichten Einstieg ins Internet Banking
- Interessante Ad-hoc-Mitteilungen für den Investor
- Einrichtung eines individuellen Musterdepots
- Link-Listen mit Hinweisen auf weitere gute Webangebote
- Download-Möglichkeiten von Bildschirmschonern und Texten
- gutes, lebendiges Design im State of the Art
- E-Mail-Newsletter
- Such- und Hilfefunktionen
- Call me back Button

Alle Finanzdienstleister werden sich mit dem Aufbau von Wertschöpfungsnetzwerken beschäftigen müssen. Es werden strategische Allianzen geschaffen, um ein schnelleres Time-to-Market zu gewährleisten. Zunehmend wird sich der globale Auftritt durchsetzen. Die Finanzdienstleister werden innovative Produkte und Dienstleistungen entwickeln. Da der Fianzdienstleistungsmarkt ein Verdrängungsmarkt ist, wird sich der „Brand Name" durchsetzen, der den Anforderungen der neuen Segmentierung gerecht wird. Ein hohes Maß an Verfügbarkeit von IT-Systemen ist Grundlage dieser Veränderungen. Es geht darum serviceentwickelte Anwendungen zusammenzuführen, und weniger darum zu programmieren.

Web-Adressen

www.Axino.de
www.bch.de
www.Capital.de
www.Consors.de
www.Comdirekt.de
www.DM-Online.de
www.Diraba.de
www.Freerealtime.de
www.Fnet.de
www.Finanzen.de

www.Finanzscout24.de
www.Fondsweb.de
www.Finanzheft.de
www.Stockworld.de
www.Schnigge.de
www.Investorsworld.de
www.Onvista.de
www.Yahoo.de
www.Wallstrett-Online.de
www.upm.at

Internet Adressen von Fondsgesellschaften

Kapitalanlagegesellschaft	Internetadresse
ABN Amro Asset Management	www.abnamro.com
Activest	www.activest.de
Adig	www.adig.de
Aegon Versicherung	www.moneymaxx.de
AETNA	www.aetna.com/intl/funds.htm
AIM Management Group inc.	www.aimfunds.com
Allianz Capital Management	www.fondsbanking.de
Baring Asset Management	www.baring-asset.com
Bayern Invest	www.bayern-invest.de
Carlson Investment Management	www.cim.se
Chase Manhattan Vista Funds	www.vistaglobal.de
Citibank	www.citibank.de
Credis GmbH	www.credis.de
Credit Suisse	www.csam.com
Deka	www.Deka.de
Deutscher Investment Trust	www.dit.de
DIFA	www.difa.de
DWS	www.dws.de
Federated Investments	www.Federated.de
Fidelity Investments	www.fidelity.de
Flemings	www.flemings.lu
Focus/Future & Fondsverwaltung	www.focusgmbh.spacenet.de

Kapitalanlagegesellschaft	Internetadresse
Franken Invest	www.franken-invest.de
Global Asset Management	www.ukinfo.gam.com
Gamax	www.gamax.de
Gartmore	www.Gartmore.de
Hornblower Fischer	www.Hornblower.de
Julius Baer	www.juliusbaer.com
Lazard Asset Management	www.Lazardfunds.com
LGT	www.gtglobaloffshore.com
Mercury	www.mam.com
M + G Investments	In Vorbereitung
Morgan Stanley	www.ms.com
Müchener Kapitalanlagegesellschaft	www.mk-ag.de
Nordinvest	www.nordinvest.de
Orbitex	www.Orbitex.com
Paribas Group	www.Parvest.com
Schroders	www.Schroders.com
Templeton	www.templeton.de
Threadneedle	www.threadneedle.co.uk
UBS Investment	www.ubs.com
Union Investment	www.union-investment.de
Vontobel	www.vontobel.ch
Zürich Invest	www.zuerich-invest.de

Literaturhinweise

Geeignete Zeitungen & Zeitschriften:
- Börsen Zeitung
- Frankfurter Allgemeine Zeitung
- Handelsblatt
- Financial Times Deutschland
- Börse Online
- Bizz
- Capital
- Der Aktionär
- Der Investor
- EURO am Sonntag
- Finanzen
- FOCUS Money
- Manager Magazin
- Finanztest

Bücher
Finanzdienstleistungen und Wirtschaft

JOHN MARKS TEMPLETON, JAMES ELLISON: The Templeton Plan: 21 Steps to Personal Success and Real Happiness
ISBN 2-88274-001-8

MANFRED KÖHLER, KEITH ULRICH: Banken Konjunktur und Politik
ISBN 3-88474-241-8

Werner Schmidt: Jahre des Reichtums
ISBN 3-7844-7298-2

Gerhard Ziegler: Alter in Armut
ISBN 3-928991-01-9

Paul C. Martin: Sachwert schlägt Geldwert
ISBN 3-548-34341-4

Marion Gräfin Dönhoff, Meinhard Miegel, Wilhelm Nölling: Weil das Land sich ändern muss. Ein Manifest I.
ISBN 3-498-01293-2

James B. Stewart: Der Club der Diebe
ISBN 3-548-23207-8

Napoleon Hill: Denke nach und werde reich. Die 13 Gesetze des Erfolgs.
ISBN 3-720-51017-4

Raymond Hull: Alles ist erreichbar. Erfolg kann man lernen.
ISBN 3-499-16806-5

Joseph Murphy: Die Macht Ihres Unterbewusstseins. Die Macht der inneren und äußeren Entfaltung.
ISBN 3-7205-1027-1

Ron Smothermon: Drehbuch für Meisterschaft im Leben
ISBN 3-926257-00-8

Jiddu Krishnamurti: Einbruch in die Freiheit
ISBN 3-548-34103-9

Kurt Tepperwein: Die Geistigen Gesetze
ISBN 3-442-12160-4

Erich Fromm: Leben zwischen Haben und Sein
ISBN 3-451-04208-8

Mihaly Csikszentmihalyi: Dem Sinn des Lebens eine Zukunft geben. Eine Psychologie für das 3. Jahrtausend
ISBN 3-608-91633-4

BIRGIT WILLBERGER, JOACHIM TACK: Machen Sie mehr aus Ihrem Geld. Praktische Tips für pfiffige Geldanlagen. Mit Tips zu Euro.
ISBN 3-89472-156-1

RENE EGLI: Das LOLA-Prinzip oder die Vollkommenheit der Welt
ISBN 3-9520606-0-7

GEORGE SAMUEL CLASON: Der reichste Mann von Babylon
ISBN 3-905-26701-2

MAX OTTE: Investieren statt sparen. Wie sie mit Aktien alle 5 Jahre Ihr Geld verdoppeln.
ISBN 3-430-17286-1

Glossar

Aktienfonds
Investmentfonds, die in Aktien eines bestimmten Landes, einer festgelegten Region, weltweit oder in eine Branche investieren. Aktienfonds bieten dem Anleger eine viel versprechende Chance, sich mit relativ geringem Kapitaleinsatz an ausgewählten Börsen zu engagieren und eine attraktive Nachsteuerrendite bei Reduzierung des Risikos zu erzielen.

Anlagepolitik
Sie ist im Prospekt eines Fonds festgelegt und beschreibt, nach welchen Regeln das Vermögen eines Fonds angelegt wird.

Anlageausschuss
Gruppe von Fachleuten, die die Manager eines Investmentfonds bei der Anlage in Aktien, Renten bzw. Immobilien beraten und in der Regel die Anlagegrundsätze festlegen.

Ausländische Fonds
Steuerlich wird unterschieden zwischen zugelassenen deutschen Investmentfonds sowie drei unterschiedlichen Kategorien ausländischer Fonds:
1. Registrierte Fonds, die ihre Anteile in Deutschland öffentlich anbieten dürfen (§§ 7, 15c, 17 AuslInvG) und Fonds mit Steuervertreter, die an einer deutschen Börse zum Amtlichen Handel bzw. Geregelten Markt zugelassen sind und alle steuerlich relevanten Daten (insbesondere Gewinne aus der Veräußerung von Wertpapieren) gesondert offen legen (§ 17 Abs. 3 AuslInvG). Diese Fonds sind steuerlich den deutschen Fonds gleich gestellt.
2. Nicht registrierte Fonds mit Steuervertreter, die alle erwirtschafteten Erträge gesondert offen legen. Anteilige Veräußerungsgewinne sind voll zu versteuern (§ 18 Abs. 2 AuslInvG).
3. Alle anderen nicht registrierten Fonds, bei denen mindestens 90 Prozent der Wertzuwächse (des Kalenderjahres) oder 10 Prozent des Anteilswertes zu versteuern sind (§ 18 Abs. 3 AuslInvG).

Ansparpläne
Sparpläne, in die regelmäßig Einzahlungen erfolgen; diese werden sogleich von der Kapitalanlagegesellschaft in einem vom Sparer ausgewählten Investmentfonds angelegt. Die Gesellschaft ist gesetzlich zur täglichen Rücknahme der Anteile verpflichtet, woraus sich für Anleger höchste Liquidität ergibt.

AS-Fonds
Sie zielen auf überdurchschnittliche Wertsteigerung bei vertretbarem Risiko und legen die Gelder der Investmentsparer überwiegend in Aktien und Offene Immobilienfonds an. Sie bieten Sparpläne über mindestens 18 Jahre oder bis zum 60. Lebensjahr sowie Auszahlpläne, mit denen der Anleger sich quasi eine „zweite Rente" schafft. AS-Fonds können mit Versicherungsschutz kombiniert werden. AS-Fonds werden gleichermaßen in der privaten wie auch betrieblichen Altersvorsorge eingesetzt. Altersvorsorge-Sondervermögen sind ein Angebot für die private Altersvorsorge.

Asset-Allocation
Relative Verteilung des Fondsvermögens auf verschiedene Anlagemedien mit dem Ziel, systematisch die Risiken der Einzelanlagen zu reduzieren.

Ausschüttung
Bei einem ausschüttenden Investmentfonds werden ordentliche und ggf. außerordentliche Erträge in der Regel einmal pro Jahr ausgeschüttet. Die Erträge werden bis zum Ausschüttungstag im Fondsvermögen angesammelt und erhöhen damit im Jahresverlauf den Anteilswert. Durch die erfolgte Ausschüttung vermindert sich der Anteilswert am Ausschüttungstag um exakt den Ausschüttungsbetrag.

Benchmark
Orientierungsgröße bzw. Messlatte für einen Investmentfonds; in der Regel wird dem Fonds der jeweilige marktrelevante Aktien- oder Rentenindex als Vergleichsgröße gegenüber gestellt.

Dachfonds
Dachfonds (Investmentfondsanteil-Sondervermögen, Fund of Funds) sind Wertpapierfonds, deren Fondsvermögen wiederum in andere Fonds investiert wird. Die Auswahl der entsprechenden Fonds trifft das Fondsmanagement. Die Auflegung von Dachfonds ist in den §§ 25k ff. KAGG geregelt.

Depot
Die Investmentfondsanteile eines Anlegers werden in einem Depot verwahrt. Dieses kann bei einer Bank geführt werden (nicht zu verwechseln mit der Depotbank, die das gesamte Fondsvermögen verwahrt) oder direkt bei der Fondsgesellschaft. Letzteres ist kostengünstiger als ein Bankdepot, da sowohl die Depotkosten niedriger sind als auch Kauf- und Verkaufspesen entfallen. Bei ausländischen Fondsgesellschaften ist das Depot üblicherweise kostenlos. Für ein Depot bei der Fondsgesellschaft wird allerdings in der Regel eine gewisse Mindestanlage oder der Abschluss eines Sparplanes erwartet.

Derivate-Fonds
Fonds, die schwerpunktmäßig in Terminmarktinstrumente wie Futures, Optionen, Swaps oder andere Derivaten investieren. Neben den Finanzderivaten sind auch Warentermingeschäfte möglich. Je nach Ausrichtung sind sowohl spekulative als auch risikomindernde Varianten denkbar.

Depotbank
Sie übernimmt gesetzliche und vertragliche Überwachungs- und Kontrollaufgaben im Interesse der Anteilinhaber, insbesondere die das Sondervermögen betreffenden Geschäfte, Verwahrung des Sondervermögens, Aus- und Rückgabe der Anteilscheine, Berechnung der Ausgabe- und Rückgabepreise, Ausschüttung der Erträge.

Ertragsausschüttung
Der Ausschüttungsbetrag wird gegen Einreichung des aufgerufenen Ertragsscheines ausgezahlt bzw. bei Depotverwahrung am Tag der Ausschüttung dem Ertragskonto des Anteilinhabers gutgeschrieben. Am „Ex-Tag" reduziert sich der Anteilswert um den Betrag der Ausschüttung.

Festverzinsliche Wertpapiere
Rentenpapiere; festverzinsliche Wertpapiere werfen einen festen, gleichbleibenden Zins, eine „Rente" ab. Die Auszahlung der Zinsen erfolgt jährlich oder halbjährlich, bei variabel verzinslichen Anleihen je nach Häufigkeit der Zinsanpassung. Renten werden nach einer bestimmten Laufzeit zu einem vorher festgelegten Kurs zurückgezahlt. Während der Laufzeit erfolgt in der Regel eine tägliche Feststellung des Kurses, der in Abhängigkeit des Zinsniveaus und der Restlaufzeit schwankt.

Fondsgebundene Lebens- und Rentenversicherung
Ein Versicherer legt den höchstmöglichen Teil in Einzel- oder Strategiefonds an. Vorteile sind: Aufbau eines rentierlichen Kapitals, Einflussnahme des Kunden durch Switchen oder Umschichten des Kapitals auf die Entwicklung. Durch Einbeziehung einer Absicherung bei Berufsunfähigkeitsrente oder Beitragsbefreiung bei Berufsunfähigkeit entscheidender Vorteil zum Direktinvestment.

Fondsmanagement
Ein Gremium, das Anlageentscheidungen für den jeweiligen Investmentfonds trifft.

Garantiefonds
Investmentfonds mit garantierter Rückzahlung des Kapitals oder mit garantierter Mindestrendite.

Fonds mit garantierter Mindestrendite sichern dem Anleger für die gesamte Laufzeit eine klar definierte, sichere Verzinsung des Kapitals. Sie entspricht etwa der Durchschnittsrendite zum Auflagezeitpunkt des Fonds. Bei diesem Typ können sich Anleger darauf verlassen, zu den Ausschüttungsterminen feste und damit einplanbare Erträge zu erhalten. Bei thesaurierenden Fonds mit garantierter Rendite werden auch die jeweiligen Erträge wieder in dem Fonds angelegt. Durch diesen Zinseszinseffekt erreicht der Anleger eine verbesserte Gesamtrendite.

Da die zugesicherte Mindestrendite von den Gesellschaften eher vorsichtig angesetzt wird, kann der Anleger eventuell mit noch höherer Ausschüttung rechnen. Hinsichtlich der Garantie von Renditen in der Bundesrepublik vertritt die Bankenaufsicht die Auffassung, dass niemand die künftige Börsenentwicklung voraussehen könne und daher sichere Aussagen über zu erwartende Renditen nicht möglich seien. Entsprechend findet sich bei deutschen Laufzeitfonds die Aussage, dass die Investmentgesellschaft eine bestimmte Rendite „erwartet", nicht aber „garantiert".

Fonds mit garantierter Rückzahlung des Kapitals: Eine weitere Form der Laufzeitfonds sind Rentenfonds mit garantierter Kapital- und Gewinnauszahlung, unabhängig davon, wie sich der Kapitalmarkt in Zukunft weiterentwickelt. Wird also beispielsweise ein Fonds mit einem Anteilpreis von 100 Euro aufgelegt, ist dieser Betrag nach Ablauf der Laufzeit des Fonds als Rückzahlung garantiert. Wird in der Zwischenzeit ein Gewinn realisiert, der zu einer Steigerung des Anteilpreises auf 110 Euro führt, so ist dieser Preis ab sofort als Rückzahlungspreis garantiert. Dies wird dadurch gewährleistet, dass realisierte Gewinne abgezinst und in festverzinslichen Papieren angelegt werden.

Geldmarktfonds
Sondervermögen, das in Papiere des Geldmarktes, also Papiere mit kurzen Laufzeiten wie Termingelder, Commercial Paper und Kurzläufer unter einem Jahr investiert.

Gemischte Fonds
Für Anleger, die ein gewisses Maß an Sicherheit suchen, gleichzeitig aber auch die Chancen des Aktienmarktes nutzen wollen, werden gemischte Fonds angeboten. Diese Fonds legen sowohl in Renten als auch in Aktien an. Je nach Marktlage kann der Schwerpunkt der im Portfolio befindlichen Wertpapiere mehr zur Renten- oder mehr zur Aktienseite verlagert werden.

Gesetz über Kapitalanlagegesellschaften (KAGG)
Die Kapitalanlagen in Investmentfonds sind durch das KAGG geschützt. Investmentfonds unterliegen dadurch strengen Anlagebestimmungen, die für eine Risikomischung sorgen und die Einbeziehung organisierter Börsen regeln. Die Vorschriften des Gesetzes sowie die von der Bankenaufsicht zu genehmigenden Vertragsbedingungen gewährleisten den Anteilinhabern ein hohes Sicherheitsniveau.

Hausse
Anhaltendes Steigen der Wertpapierkurse.

Hedging
Absicherungsgeschäft gegen Zins-, Währungs- oder Aktienkursrisiken. Beispielsweise ist die Absicherung eines Aktienbestandes durch den Kauf von Verkaufskontrakten oder die Währungskurssicherung durch den Verkauf von Devisen auf Termin möglich.

Immobilienfonds
Fonds, die in Liegenschaften (Immobilien) investieren.

Investmentfonds
Sondervermögen in Wertpapieren oder Immobilien, das von einer Kapitalanlagegesellschaft verwaltet und von einer Depotbank verwahrt wird. Sondervermögen heißt, dass es streng getrennt vom Vermögen der Kapitalanlagegesellschaft zu halten ist.

Investmentzertifikat
Wertpapier, das ein Miteigentum nach Bruchteilen an einem Investmentfonds verbrieft. Investmentzertifikate werden nicht über einen Nennwert ausgestellt.

Indexfonds
Investmentfonds, welche die Zusammensetzung eines bestimmten Indexes vollständig oder in hoher Übereinstimmung nachbilden. Die Performance des Fonds folgt daher weitgehend der Entwicklung des Indexes.

Kurs-Gewinn-Verhältnis (KGV)
$$KGV = \frac{Aktenkurs}{Gewinn\ pro\ Aktie}$$

Für Anleger gilt: je kleiner das KGV, desto besser – der Gewinn ist im Vergleich zum derzeitigen Kurs besonders hoch.

Kapitalanlagegesellschaft (KAG)
oder Investmentgesellschaft; Spezialkreditinstitut, das sowohl dem KAGG als auch dem Gesetz über das Kreditwesen (KWG) unterliegt. Kapitalanlagegesellschaften gründen und verwalten Investmentfondsondervermögen.

Laufzeitfonds
Investmentfonds, bei dem zu Beginn ein Auflösungs- und Liquidationstermin festgelegt wird.

Mündelsichere Fonds
Die Anlage von Mündelgeldern ist im Bürgerlichen Gesetzbuch (BGB) geregelt. Demnach soll der Vormund das Geld verzinslich und sicher anlegen. Investmentfonds sind in zahlreichen Fällen von Vormundschaftsgerichten für die Anlage von Mündelgeldern zugelassen worden.

Der BVI sammelt die ihm bekannten gerichtlichen Genehmigungen der Anlage von Mündelgeld in Anteilen deutscher Investmentfonds gemäß § 1811 BGB. Die Liste der Investmentfonds, die als mündelsicher angesehen werden, finden Sie hier.

Die Einzelfallentscheidung darüber, ob ein Fonds mündelsicher im Sinne des BGB ist, obliegt dem jeweiligen Vormundschaftsgericht, das sich bei seiner Entscheidungsfindung an bereits vorliegenden gerichtlichen Genehmigungen orientiert.

Der Grund, warum Investmentfonds im BGB nicht genannt sind, ist übrigens einfach: Als die entsprechenden Paragrafen aufgenommen wurden, gab es noch keine Investmentfonds.

Offene Fonds
Investmentfonds, die unbegrenzt Anteile ausgeben und zurücknehmen. Geschlossene Wertpapierpublikumsfonds sind hier nicht zugelassen.

Performance
Die jährliche Wertentwicklung bzw. der jährliche Anlageerfolg ergibt sich aus dem Vergleich des Anteilwertes zu Beginn und zum Ende eines Geschäftsjahres unter Berücksichtigung einer eventuellen Ausschüttung.

Publikumsfonds
Investmentfonds, deren Anteilscheine von jedermann erworben werden können.

Rechenschaftsbericht
Gesetzliche Verpflichtung einmal jährlich nach Abschluss des Geschäftsjahresende eines Investmentfonds einen Rechenschaftsbericht und nach sechs Monaten einen Halbjahresbericht zur Information an die Anleger herauszugeben.

Rendite
Durchschnittliche jährliche Wertentwicklung bzw. Summe aller Zahlungsströme einer Betrachtungsperiode bezogen auf einen Zeitpunkt.

Rentenfonds
Investmentfonds, der in festverzinsliche Wertpapiere einer oder mehrerer festgelegter Währungen investiert. Die in solche Fonds aufgenommenen Titel wie Anleihen von Bund, Post, Bahn, Pfandbriefe, Kommunalobligationen usw. zeichnen sich durch hohe Sicherheit aus. Die Fondsmanager entlasten den Anleger von der zeitaufwendigen Analyse der Rententitel, -märkte, Laufzeiten und Währungseinflüsse.

Risikostreuung
Zentrales Element der Investmentidee: Einzelrisiken werden durch Erwerb einer Vielzahl von Papieren mit unterschiedlichen Laufzeiten, Branchen und Schuldnern systematisch reduziert. Das KAGG verpflichtet Investmentgesellschaften aus Gründen des Anlegerschutzes, grundsätzlich nicht mehr als fünf Prozent des Fondsvermögens in Wertpapieren desselben Ausstellers anzulegen. Offene Immobilienfonds müssen über mindestens zehn Einzelobjekte verfügen, von denen keines mehr als 15 Prozent des Fondsvermögens betragen darf.

Rücknahmepreis
Inventarwert, den der Anleger bei der Rückgabe seiner Anteile ausgezahlt erhält.

Small Caps
Aktien von Unternehmen mit niedrigerer Börsenkapitalisierung. Im Gegensatz zu Blue Chips (Standardwerte) ist ihr Umsatz an der Börse deutlich geringer. Schon wegen der geringeren Liquidität dieser Titel sind Kursausschläge bei diesen Werten häufig stärker als bei den Standardtiteln.

Sondervermögen
Das gesamte von den Anlegern eingezahlte Vermögen abzüglich Verbindlichkeiten; es ist streng von Vermögen der Kapitalanlagegesellschaft zu trennen, daher heißt es Sondervermögen.

Sparplan
Praktisch alle Fondsgesellschaften bieten auch Sparpläne an. Dabei wird regelmäßig ein festgelegter Betrag angelegt. Der Sparplan kann jedoch jederzeit ausgesetzt, erhöht, erniedrigt oder ganz eingestellt werden. Oft erhält man eine Ermäßigung auf den Ausgabeaufschlag, wenn der Sparplan eine bestimmte Zeit durchgeführt wurde und kann ermäßigt oder kostenlos in andere Fonds umschichten.

Spezialfonds
Investmentfonds, die individuell für einen bzw. für bis zu zehn Anteilinhaber aufgelegt werden wie zum Beispiel für Versicherungen, Pensionsfonds, Stiftungen, Sparkassen. Spezialfonds unterliegen ebenfalls dem KAGG.

Steueroptimierte Fonds
Fonds, deren Anlagepolitik ausdrücklich auf die Nachsteuerrendite ausgelegt ist.

Tafelgeschäft
Auch Schaltergeschäft; Wertpapier- bzw. Investmentfondskauf oder -verkauf „über den Bankschalter" in Form eines Zug-um-Zug-Geschäftes, das heißt Abwicklung eines Wertpapiergeschäftes gegen Bezahlung oder Auszahlung über den Banktresen ohne Verrechnung über ein Kundenkonto oder -depot.

Thesaurierende Fonds
Im Gegensatz zu ausschüttenden Fonds werden bei thesaurierenden Fonds die Erträge direkt im Fondsvermögen wiederangelegt. Die jeweils zum Kauf neuer Anteile genutzten Erträge müssen allerdings im Jahr ihres Zuflusses in der Einkommensteuererklärung angegeben werden. Der Anleger erhält dazu eine Steuerbescheinigung über den entsprechenden Betrag.

Transaktionskosten
Gebühren, die der Anleger bei Kauf und Verkauf von Fondsanteilen an die depotführende Bank abführt. Daneben zahlen Anleger – allerdings unsichtbar – die Transaktionskosten, die der Fondsmanager bei Kauf oder Verkauf von Wertpapieren verursacht.

Umbrella Fonds
Fonds, bei dem mehrere Unterfonds mit gleicher Anlagepolitik, aber abweichenden Merkmalen aufgelegt werden; beispielsweise Unterfonds in verschiedenen Währungen oder ausschüttende und thesaurierende Klassen.

Veräußerungsgewinn
Realisierter Kursgewinn. Er ist bei Privatanlegern nach zwölf Monaten steuerfrei; im Fonds selbst grundsätzlich steuerfrei.

Verkaufsprospekt
Enthält alle gesetzlich vorgeschriebenen Angaben, die für die Beurteilung einer Anlage in Investmentfonds notwendig sind; ist dem Käufer von Fondsanteilen stets beim erstmaligen Kauf eines Sondervermögens zu übergeben.

Volatilität
Ausdruck für die Schwankungsbreite des Anteilpreises während eines bestimmten Zeitraumes.

Wertentwicklung
siehe Performance

Wiederanlagerabatt
Rabatt, der bei ausschüttenden Fonds bei der Wiederanlage des Ausschüttungsbetrags gewährt wird. Der Anleger muss dabei häufig keinen oder nur einen rabattierten Ausgabeaufschlag bezahlen

Zinsabschlagssteuer (ZASt)
In Einkommensteuer anrechenbarer Vorwegabzug in Höhe von 30 Prozent bei Depotverwahrung bzw. 35 Prozent bei Eigenverwahrung. Entfällt bei vorhandenem Freistellungsauftrag bzw. Nicht-Veranlagungsbescheinigung.

Zwischengewinn
Unter Zwischengewinn versteht man den im Anteilpreis enthaltenen Ertragsanteil, soweit er sich aus Zinsen und Zinsansprüchen zusammensetzt. Der Zwischengewinn unterliegt der Einkommensteuer sowie der 30-prozentigen Zinsabschlagsteuer (bei Eigenverwahrung: 35 Prozent). Erfasst die täglich anfallenden Zinsanteile der Fondserträge. Entspricht insofern dem Stückzins bei festverzinslichen Wertpapieren.

Zwischengewinnbesteuerung
Der auf die Besitzzeit des Anlegers entfallende Zwischengewinn ist einkommensteuerpflichtig und wird bei Verkäufen mit ZASt belastet.

Mit Derivaten erfolgreich spekulieren und investieren

Inhalt:
Einführung in den Terminmarkt – Optionsscheine und Optionen: bedingte Termingeschäfte – Futures: unbedingte Termingeschäfte – Gegenüberstellung von Optionsscheinen, Optionen und Futures – Hedging und Trading – Handelsplattformen – Wissenswertes zu rechtlichen und steuerlichen Aspekten – Informationsquellen

Derivative Finanzinstrumente ermöglichen dem Anwender, sowohl an steigenden als auch an fallenden Kursen zu verdienen. Dieses Buch beantwortet sämtliche Fragen, die sich der Privatanleger beim Umgang mit Optionsscheinen, Optionen und Futures stellt, und verhilft zu einer eigenen Erfolgsstrategie.

Werner H. Heussinger/
Marc Klein/Wolfgang Raum
Optionsscheine, Optionen und Futures
Einstieg in den erfolgreichen Umgang mit Derivaten
2000. 273 S. Br.
€ 39,00
ISBN 3-409-14856-6

Änderungen vorbehalten. Stand: März 2002.
Gabler Verlag · Abraham-Lincoln-Str. 46 · 65189 Wiesbaden · www.gabler.de

MIX
Papier aus verantwortungsvollen Quellen
Paper from responsible sources
FSC® C105338

If you have any concerns about our products,
you can contact us on
ProductSafety@springernature.com

In case Publisher is established outside the EU,
the EU authorized representative is:
**Springer Nature Customer Service Center GmbH
Europaplatz 3, 69115 Heidelberg, Germany**

Printed by Libri Plureos GmbH
in Hamburg, Germany